Die Angst, das Risiko und die Liebe

Omer Meir Wellber
Inge Kloepfer

DIE ANGST, DAS RISIKO UND DIE LIEBE
Momente mit Mozart

ecoWIN

1. Auflage
© 2017 Benevento Publishing,
eine Marke der Red Bull Media House GmbH,
Wals bei Salzburg

Medieninhaber, Verleger und Herausgeber:
Red Bull Media House GmbH
Oberst-Lepperdinger-Straße 11–15
5071 Wals bei Salzburg, Österreich

Satz: MEDIA DESIGN: RIZNER.AT
Umschlaggestaltung: b3K design, Andrea Schneider, diceindustries
Printed in Austria

ISBN 978-3-7110-0131-3

INHALT

PROLOG

Eine frühlingshafte Brise weht von der Wiener Hofburg über den Kohlmarkt. Draußen ist die Luft angenehmer als in den überfüllten Räumen des prunkvoll ausgestatteten *Café Milani*. Der italienische Besitzer Johann Evangelist Milani hat für sein Foyer in 30 pompöse Spiegel investiert. Seither ist das Café im Wiener Zentrum der Renner, auch tagsüber immer gut besucht. Die Luft wird erst gegen Abend stickig. Im Hintergrund des Stimmengewirrs ist das unaufhörliche Klacken von Billardkugeln zu hören. Schriftsteller und Philosophen, Dichter und Denker, die intellektuelle Elite der Stadt trifft sich im *Milani*. Vor allem gehen dort die Italiener ein und aus, weil der umtriebige Besitzer Italiener ist.

»Signore, woher rührt Ihre große Menschenkenntnis?«, fragt Wolfgang Amadeus Mozart sein Gegenüber. Der Komponist hat sich mit dem italienischen Librettisten Lorenzo Da Ponte an einem der Tische niedergelassen. Es ist schon eine Weile her, seit sie sich 1783 im

Palais Damian, dem Wohnsitz von Mozarts engem Freund und Vermieter, dem jüdischen Baron Raimund Wetzlar von Plankenstern, über den Weg gelaufen sind. Gut kennen sie sich nicht, noch nicht. Aber Mozart kennt die Texte, die Da Ponte schreibt.

»Muss ich Ihnen darauf eine klare Antwort geben?«, gibt da Ponte nach einer Weile zurück. Sein Lächeln bringt ein lückenhaftes Gebiss zum Vorschein. »Was heißt schon Menschenkenntnis? Kaum weiß ich, was mein Ich ist, mit dem ich mich so viel beschäftige. Schönredner bei Gelegenheit, Dichter zur Erholung, Musiker nach Bedarf, Liebhaber aus Laune! Und zwischendurch immer mal gut, mal böse.«

Mozart lacht. Er weiß genau, wen Da Ponte da zitiert.

Die Begebenheit hat sich so nicht zugetragen. Sie ist nicht mehr als ein Bild, das vor meinen Augen auftaucht, wenn ich mir dieses ungewöhnliche Künstlergespann Mozart und Da Ponte im Gespräch vorstelle. Gleichwohl behaupte ich, dass das Gespräch zwischen diesen beiden Titanen aus der Welt der Schönen Künste, die nicht viele Gelegenheiten hatten zusammenzuarbeiten, sehr gut so abgelaufen sein könnte.

Der italienische Dichter, der mit ungemein scharfem, durchdringendem Auge die gesellschaftlichen Zustände seiner Zeit und die irrlichternden Charakterzüge der Menschen in den Blick nahm, um sie in seinen Libretti aufs Subtilste zu sezieren, und Mozart, das für uns so unnahbare Musikgenie, dessen Geheimnis wir niemals ergründen werden, so wenig, wie er es je selbst ergründet hat. Da Ponte ist im besten Alter, Mitte 30, sieben Jahre älter als Mozart.

Nur: Darf man Mozart und Da Ponte derart nahetreten? Darf man sie einfach stattfinden lassen in seiner Fantasie, sich ihre Unterhaltung vorstellen? Ehrlich gesagt, ich kann gar nicht anders.

Lorenzo Da Ponte hat die Libretti zu drei Mozart-Opern geschrieben: *Hochzeit des Figaro*, *Don Giovanni* und *Così fan tutte*. Wenn ich seine Texte und dazu die Partituren Mozarts lese, drängen sich mir genau diese Bilder der beiden Künstler auf, weil Buchstaben und Noten so wunderbar aufeinander abgestimmt sind und die Energien von Musik und Text die Dramen, die die beiden Künstler schufen, geradezu unbarmherzig ihren Höhepunkten entgegentreiben. Unwillkürlich stelle ich sie mir vor, wie sie sich unterhalten, gestikulieren, wie Da Ponte Mozart die Protagonisten erläutert und die Spiele, die er mit diesen treibt. Ich beobachte, wie Mozart ihn schweigend betrachtet und dabei erste Melodien in seinem Kopf entstehen. Wie er später in die Texte eingreift, mit Da Ponte um eine neue Arie ringt oder um ein Quintett, das er unbedingt einbauen möchte. Ich höre, wie sie sich Fragen stellen, die das Leben ihnen aufgibt. Wie Da Ponte gnadenlos scharfzüngig über die gesellschaftlichen Ungerechtigkeiten herzieht, am liebsten über den Hochmut des Adels und damit bei Mozart offene Türen einrennt. Ich kann sie buchstäblich vor mir sehen, wie sie die menschlichen Unzulänglichkeiten mit Spott und Zynismus überziehen, obwohl die nicht nur zum Heulen, sondern eigentlich zum Fürchten sind – auch ihre eigenen. Oder wie sie sich verabreden, um gemeinsam ihren Schabernack mit den Menschen zu treiben. Immer wieder auf Wiener Maskenbällen, die zu ihrer Zeit ganz Wien zur Raserei bringen. Getanzt wird mit jedem – die Nacht durch bis zum Umfallen.

Ich höre auch, dass Mozart und Da Ponte Italienisch sprechen, nicht nur, weil die Libretti seinerzeit in dieser Sprache verfasst sind. Mozart beherrscht das Italienische immerhin so gut, dass er später jede Nuance des Operntextes aufgreifen und die eingebauten Doppeldeutigkeiten mit seiner Musik mal lieblich, mal schaurig schimmern lassen wird.

Die Zusammenarbeit der beiden Künstler ist nicht dokumentiert. Es gibt keine Aufzeichnungen über ihre Begegnungen – leider oder vielleicht sogar zum Glück! Es gibt ein einziges Schreiben in der Hinterlassenschaft von Hunderten Seiten Mozart-Korrespondenz, das der Komponist kurz vor seinem Tod an Da Ponte verfasst haben soll. Auch dieser Brief ist unter Musikwissenschaftlern umstritten. Und es gibt das wenige, das Da Ponte in den Memoiren seines schillernden und so außergewöhnlichen Lebens über den Komponisten berichtet. Diese spärlichen Hinweise aus der höchst fruchtbaren Zusammenarbeit zweier Künstler, die gemeinsam drei der bedeutendsten Opern der Musikgeschichte schufen, zwingen mich regelrecht dazu, meiner Fantasie freien Lauf zu lassen. Worüber genau haben sie sich unterhalten, wie mögen sie gearbeitet haben?

Noch einmal: Darf man das? Mozart würde es wahrscheinlich gar nicht anders wollen, schon weil er uns Interpreten mit seiner Musik geradezu herausfordert, die Mauern niederzureißen, die unsere Vorstellungskraft einengen. Bei Da Ponte allerdings bin ich mir nicht so sicher.

Wer ist dieser Italiener, der im Frühjahr 1782 im Alter von 33 Jahren, kaum des Deutschen mächtig und zudem mittellos wie aus dem Nichts in Wien aufschlägt und dessen kraftvolle Texte Mozart binnen weniger Jahre zu ganz neuen Klängen inspirieren werden?

Er ist der Sohn eines Gerbers aus dem jüdischen Ghetto einer Provinzstadt im Veneto. Mit seinem verwitweten Vater und seinen Brüdern konvertiert er zum Christentum, wird vom Bischof seiner Heimatstadt Cèneta adoptiert und trägt fortan dessen Namen Lorenzo da Ponte. Im Priesterseminar wird er zum Geistlichen ausgebildet und steigt noch vor seiner Priesterweihe zum Professor für Rhetorik auf – mit gerade einmal 24 Jahren.

Priesterlich allerdings ist wenig an dem jungen italienischen Gelehrten – von seiner umfassenden Bildung einmal abgesehen. Zu unabhängig ist sein Geist, zu tief sind seine Kenntnisse des Gedankenguts der Aufklärung. Statt zu predigen stürzt er sich in das aufregend turbulente Leben Venedigs und sorgt schon nach einem Jahr mit einer heftigen amourösen Affäre für den ersten Skandal. Da Ponte ist schließlich immerzu auf Freiersfüßen, seinem Naturell nach kann er gar nicht anders – dieser Charmeur und Meister der Verführung. Allein mit seiner Sprachgewalt verzaubert er die Frauen. In den Dogenpalästen geht der Intellektuelle als Sekretär und Hauslehrer ein und aus. Nicht jedem Hausherrn ist er geheuer.

1779 haben ein paar einflussreiche Bürger Venedigs schließlich genug davon, wie der gelehrte Priester den Patriziern reihenweise die Damen ausspannt. Eine anonyme Anzeige trägt ihm sieben Jahre Haft in den berüchtigten Bleikammern Venedigs ein oder 15 Jahre Verbannung aus der Lagunenstadt. Über Österreich gelangt er zunächst nach Dresden, kann sich dort aber nicht etablieren und reist schließlich mit einem Empfehlungsschreiben des sächsischen Hofdichters Caterino Mazzolà an den kaiserlichen Kammerkomponisten Antonio Salieri nach Wien. Mit diesem Schreiben und der Hilfe Salieris ist ihm das Entrée an der Wiener

Hofburg sicher. Schon 1783 stellt ihn Kaiser Joseph II. als Theaterdichter ein. Nicht ein einziges Libretto hat Da Ponte bis dahin verfasst. Natürlich dichtet er zunächst vor allem für Salieri, der auch Kapellmeister der italienischen Oper ist. Und das überaus erfolgreich. Da Ponte weiß genau, auf wen er setzen muss und wer internationales Ansehen genießt – Mailand, Rom, Neapel. Mehr noch: Salieri ist ein Landsmann.

Seit 1781 ist auch Mozart als freischaffender Komponist in Wien. Er, der sich nichts brennender wünscht als guten Opernstoff, den er vertonen kann, hat den italienischen Poeten ziemlich bald auf dem Radar, nur kommt er nicht so richtig an ihn heran. Da Ponte scheint auf Salieri gebucht zu sein. Fieberhaft sucht Mozart nach literarischem Material, denn die italienische Oper, seit 1783 in Wien wiedereröffnet, hat dort Hochkonjunktur. Akribisch arbeitet sich der Komponist durch ein reichhaltiges Angebot an Texten. »Ich habe leicht 100 – ja wohl mehr bücheln durchgesehen – allein – ich habe fast kein einziges gefunden mit welchem ich zufrieden seyn könnte; – wenigstens müsste da und dort vieles verändert werden«, schreibt er am 7. Mai 1783 an seinen Vater in

Salzburg. In Sachen Libretti ist Mozart unglaublich anspruchsvoll. Für eine gute Oper müssen eben ein »guter Komponist, der das Theater versteht« und ein »gescheiter Poet, als ein wahrer Phönix, zusammenkommen.« Mozart will nichts Bestehendes, nichts Aufgewärmtes, nichts Arrangiertes, nichts Seichtes, das er mit lieblichen Klängen schmücken müsste, damit sich die Wiener Gesellschaft daran delektiert. Er brennt auf neuen Stoff – von einem veritablen Dichter. Denn: »Neu – ist halt doch immer besser.«

Ich bin mir sicher, dass Mozart das Publikum provozieren, zum Nachdenken bringen, aufrütteln und gerne auch erschrecken will. Mitte der 80er-Jahre des 18. Jahrhunderts ist die Zeit schließlich mehr als reif dafür. Er spürt, dass auch er – ungeachtet seines Talents – jemanden braucht, der ihn mit seinem Intellekt zu ganz neuen Klängen und Harmonien inspiriert. Er giert geradezu nach Input. Schließlich kann er die Texte, die seinen hohen Qualitätsansprüchen genügen sollen, ja nicht selber dichten.

»Wir haben hier einen gewissen abate da Ponte«, schreibt er an seinen Vater weiter. Nur hat der offenbar rasend viel zu tun, »muss per obligo ein ganz Neues büchel für dem Salieri machen.« Vor zwei Monaten, klagt Mozart, werde Da Ponte wohl kaum damit fertig sein, »dann hat er mir ein Neues zu machen versprochen.« Natürlich – auch das kann dauern. Mozart verharrt zwischen Hoffen und Bangen. Ob der Italiener sein Wort halten wird? Oder will? Wenn der Dichter sich mit Salieri gut verstehe, fürchtet Mozart, werde er, Mozart, selbst wohl nicht zum Zuge kommen. So richtig verlassen will er sich auf Da Pontes Versprechen jedenfalls nicht. Die Herren Italiener – »wir kennen sie!«. Erst einmal heißt es: warten und zittern.

Dabei hat Da Ponte das »göttliche Genie« Mozarts längst erkannt. Nur beobachtet er auch, dass Mozart es aufgrund der Ränkespiele seiner Feinde in Wien von Anbeginn an nicht leicht hat. Doch eine Zusammenarbeit mit dem Ausnahmekomponisten reizt ihn sehr.

Ich sehe die beiden wie geschaffen füreinander und bin mir sicher, dass sie das schon begriffen haben, als sie noch umeinander herumschlichen. Beide sind Freigeister, die sich über Konventionen stets hinwegsetzen, Spielernaturen mit einem Hang zum Risiko, sinnliche Lebemänner, garantiert nicht nur in ihrer Arbeit exzessiv und zudem als höchst selbstbewusste Künstler in der Niemandswelt zwischen Adel und Bürgertum zuhause.

Noch zwei lange Jahre laufen sie sich in Wien immer wieder über den Weg. Es soll eine Weile dauern, bis Da Ponte vor allem für Mozart so hellsichtig, bissig und beängstigend doppelbödig dichten wird, wie er es für keinen anderen wagt. Die Zusammenarbeit wird beide Künstler enorm beflügeln. Ich gehe sogar noch weiter: Beide, Komponist und Dichter, wären in ihrer Entwicklung wohl kaum so weit gekommen, hätte es den intensiven Austausch zwischen ihnen nicht gegeben. Für Mozarts musikalische Entwicklung ist Da Ponte ein Glücksfall, weil ihn der Dichter mit seinem umfassenden Verständnis des menschlichen Daseins und all seiner Unwägbarkeiten dazu inspiriert, die Grenzen der musikdramatischen Möglichkeiten einer Oper weit nach vorne zu verschieben. Er wird ihn mit Material versorgen, dessen Protagonisten Mozart als echte Menschen zum Leben erwecken kann – erstmalig in der Geschichte des Musiktheaters überhaupt. Und für Da Ponte? Der weiß genau, dass er für Mozart alles geben muss. »Mozart brauchte für die Weite seines Geistes einen breit angelegten Stoff, der hervorragend behandelt sein und ihm vielfältige Formen bieten muss«, schreibt er später in seinen Memoiren. Im Rückblick ahnt er natürlich auch schon etwas anderes: Hätte er sich nicht auf Mozart eingelassen, wären er und seine Texte für immer in den Archiven verschwunden. Die Libretti, die er für die zweitklassigen Komponisten Salieri oder den jungen Spanier Vincente Martín y Soler verfasste, werden unabhängig von ihrer Qualität kaum mehr gesungen. Sie sind Vergangenheit, weil es so einen wie Mozart gab. Für Da Ponte also ist Mozart der Wegbereiter in die Ewigkeit. Gehofft hatte er jedenfalls zu Lebzeiten noch, dass ein Strahl des Mozart'schen Lichtes mit der Zeit auch auf ihn fallen würde. »Berechtigter Weise«, fügt er in seinen Memoiren selbstbewusst hinzu.

Wieder sehe ich die beiden Künstler vor mir. Ihr Dialog ist noch nicht zu Ende. Er wird niemals verstummen. Mozart und Da Ponte sprechen bis heute – durch uns, ihre Interpreten, die im Orchestergraben der Opernhäuser oder auf der Bühne spielen und während ihres

Spiels unablässig miteinander kommunizieren. So wie es Mozart und Da Ponte getan haben.

Noch immer sitzen die beiden im *Milani*. Schon vor einer Weile sind sie zum Wein übergegangen. Stickig ist es in den Räumen geworden. Rauch hängt schwer in der Luft. Jetzt geht es nicht mehr um die großen Themen des Lebens. Es geht um einen hoch brisanten Stoff, der Mozart über die Maßen interessiert. Die Komödie des französischen Dichters Pierre Augustin Caron de Beaumarchais *Figaros Hochzeit oder der tolle Tag*. Ein vordergründiges Lustspiel, unter der Oberfläche derart anti-aristrokratisch, dass es Ludwig XVI. schon nach der ersten Lektüre verbot. Erst nach mehreren Jahren und vielen Änderungen gab der König 1784 grünes Licht. Während Frankreichs Monarchen die Aufführung des aufmüpfigen Lustspiels schlussendlich tolerierten, fiel die Vorstellung der vermeintlichen Komödie im Frühjahr 1785 in Wien buchstäblich in letzter Minute der Zensur zum Opfer. Am Abend der ersten Vorstellung der deutschen Truppe standen die Zuschauer mit ihren Eintrittskarten vor verschlossenen Theatertüren. Aber gedruckt konnte man das Stück in deutscher Übersetzung kaufen.

Mozart wirft das Büchlein auf den Tisch. Herausfordernd schaut er den Dichter an. Wie so häufig wippt er mit den Knien, schlägt unter dem Tisch immer wieder die Hacken zusammen. Still sitzen kann er nicht. Da Ponte hat den Text natürlich längst gelesen. Er kennt Beaumarchais, lächelt sein wissendes Lächeln und wiegt den Kopf.

»Mozart, der Stoff ist ob seiner Anstößigkeit verboten worden«, sagt er. Natürlich reizt ihn das Material – keineswegs nur wegen seiner erotischen Brisanz. Keine Frage, dass er mit seiner Kunst ein Libretto daraus machen könnte, welches die Zensur passiert.

»Es wird gesungen, Signore. Sie sind klug und werden wissen, was Sie streichen müssen«, gibt der zurück. Noch kennt er Da Ponte nicht so gut, um sicher zu sein, dass er ihn gar nicht mehr überzeugen muss. Jetzt trommelt Da Ponte mit den Fingern auf den Tisch. Natürlich weiß er, wie man so heikles Material verdichten muss. Außerdem ist ihm der Kaiser wohlgesonnen, schließlich ist er sein Hofpoet.

»Wir werden heimlich dichten und komponieren müssen«, sagt er zu Mozart. »Anders wird es vorerst nicht gehen. Das Ganze ist zu riskant.«

»Und dann?«, Mozart hat die Augenbrauen hochgezogen – erwartungsvoll.

»Das Dann lassen Sie meine Sorge sein«. Noch einmal lächelt er. Irgendwie werde er dem Kaiser das neue Opus unterjubeln.

Kein Auftrag, kein Geld und keine Garantie, dass der Stoff jemals aufgeführt werden kann – die Zusammenarbeit zwischen Mozart und Da Ponte beginnt mit einem enorm hohen Risiko. Doch Mozart und Da Ponte sind Spieler, sie können gar nicht anders. So gehen sie gegen Abend auseinander.

Ein paar Monate werden noch verstreichen, bis die beiden Künstler tatsächlich zueinander finden. Mitte Oktober 1785 aber geht es los. Mozart hat all seine Schüler auf den Nachmittag verlegt. Die Vormittage sollen dem *Figaro* gehören. Was dann in den Wochen bis Ende November folgt, ist ein wahrer Schaffensrausch. Dichter und Komponist arbeiten Hand in Hand. Jede Passage, die Da Ponte fertigstellt und Mozart übergibt, setzt der umgehend in Musik. In eineinhalb Monaten ist eine Klavierfassung der Oper fertig.

I.

DIE HOCHZEIT
DES FIGARO: RISIKO

VERSUCHUNG

An Mozart kommt man nicht vorbei. Schon gar nicht als Musiker. Lange habe ich einen Bogen um Mozarts Werke gemacht. Denn bis vor einigen Jahren hat mich seine Musik einfach nicht besonders angesprochen. Seine Harmonien, die Rhythmen, der Klang – all das schien mir bekannt, tausendmal gespielt und gehört. Eine Herausforderung konnte Mozart einfach nicht sein. So dachte ich. Die Omnipräsenz des Komponisten langweilte mich. Andere Werke, vor allem die der späten Romantik und auch des 20. Jahrhunderts erschienen mir über viele Jahre größer, erlebnistiefer, aufregender. Ich weiß: Über Mozart, das wahrscheinlich größte Genie der Musikgeschichte bis heute, darf man so nicht sprechen. Schon gar nicht als Musiker. Aber ich will an dieser Stelle nicht verhehlen, wie es war.

Als ich etwas älter war, bereits Musik studierte und dirigierte, kam noch etwas anderes dazu: Mozart ist immer ein Risiko. Das liegt schon daran, dass sich unendlich viele brillante Musiker und Wissenschaftler mit ihm so intensiv beschäftigt haben. Mit jedem neuen Annäherungsversuch an den Komponisten steigt der Anspruch. Wer hat nicht alles schon Mozart gespielt, seine Opern inszeniert, ihn gedeutet? Über sein Leben ist so viel gesagt und geschrieben worden, dass sich meterweise Bibliotheksregale damit füllen lassen. Sogar die Seele des Komponisten erscheint ausgeleuchtet durch eine Hinterlassenschaft von mehr als 1000 Mozart-Briefen, die historisch akribisch aufgearbeitet sind.

Wie groß das Risiko wirklich ist, habe ich erst gemerkt, als meine Reise in Mozarts Welt begann. Das war 2012.

Just in dem Jahr schlug mir die Dresdner Semperoper vor, Mozarts drei italienische Bühnenwerke, zu denen Da Ponte die Libretti schrieb, als Zyklus zu dirigieren. Ich kannte das Opernhaus, seine Leitung und natürlich die großartige und sehr erfahrene Staatskapelle. Was für eine Gelegenheit – im Nachhinein erscheint es mir, als hätte ich genau auf diesen Moment gewartet, der mich in Mozarts Werke hineinkatapultieren und mich zwingen würde, mich auf ganz neue, vielleicht sogar unkonventionelle Weise mit seiner Musik auseinanderzusetzen.

Die Versuchung war groß, das Risiko noch größer. An Mozart kann man auch scheitern. Das hat für mich zwei Gründe. Erstens gibt es keinen anderen Komponisten, dem die Öffentlichkeit so viel Genie zuschreibt wie ihm. Schon als komponierendes Wunderkind hat Mozart eine singuläre Stellung in der Musikgeschichte. Dann sein unerklärlich früher Tod mit 35 Jahren, vor dem ein fast mystisches Requiem verhallt.

Der zweite Grund liegt in Mozarts Musik selbst – allerdings nicht nur in der enormen Vielschichtigkeit, die sich auftut, wenn man beginnt, sich mit ihr genauer zu befassen. Das Risiko liegt auch in der Freiheit, die Mozart seinen Interpreten lässt. Natürlich hat er seine Werke genauestens komponiert. Er hat die Noten auf das Papier geschrieben, Rhythmus, Tempi, Harmonien festgelegt. Aber wie das Geschriebene zu interpretieren ist, sagt er nicht. Es gibt kaum Hinweise auf ein Laut oder Leise, also Forte und Piano, es stehen keine Akzentuierungen in der Partitur, keine Anmerkungen, welche Übergänge beschleunigt oder verlangsamt gespielt werden. Im Grunde gibt es nur die Noten. Das ist ungewöhnlich. Spätere

Komponisten haben es damit allesamt anders gehalten. Schon Beethoven hat seine Werke mit präzisen Anweisungen versehen, welche Noten wie betont und welche Passagen wie genau gespielt werden sollen. Wie also soll man Mozart spielen? Wie weit darf man gehen? Mozart vertraut in der Interpretation fast ausschließlich den Künstlern, abgesehen von den wenigen Malen, die er seine Opern selbst dirigiert hat. Heute bin ich davon überzeugt, dass sich die Art, wie man Mozart spielt, aus dem ganz persönlichen Bild dieses Künstlers ergibt, das man von ihm in sich trägt. Zumindest bei mir ist das so.

Die Uraufführung von *Die Hochzeit des Figaro* am 1. Mai 1786 im Wiener Hoftheater und auch die erste Wiederholung dirigiert Mozart selbst. Das Publikum ist begeistert, die Kritik eher weniger. Sie versteht Mozarts Musik nicht richtig. Er hat sich nicht unbedingt an die damals gängigen Regeln der Komposition gehalten, sondern mit der Musik seine eigenen geschrieben und ziemlich viel riskiert. Das Publikum stört sich daran gar nicht, im Gegenteil. Die Da-capo-Rufe sind unüberhörbar, Arien und Duette werden wiederholt und lassen die auf 180 Minuten angelegte Oper zu einem Marathon über sechs Stunden werden. Nach drei frenetisch beklatschten Aufführungen setzt der Kaiser dem Da-capo-Spiel Grenzen – nach eigenem Bekunden, um die Sänger zu schonen. Er untersagt die Wiederholung von Teilen des *Figaro*, in denen mehr als einer singt.

Mozart hat die Aufführungen vom Tasteninstrument aus dirigiert und die Sänger bei ihren Rezitativen begleitet – das sind jene Passagen, in denen nicht gesungen, sondern auf bestimmten Tönen und in festgelegten Rhythmen gesprochen wird. Die Sänger bewegen sich also im Raum zwischen Singen und Sprechen, während das Orchester schweigt. Aus dem Graben waren nur die Klänge des Tasteninstruments zu hören, des Hammerklaviers oder Cembalos. Für die Begleitung der Rezitative seiner italienischen Opern hat Mozart, wie damals üblich, in seiner Partitur allerdings nur die Akkorde bestimmt und damit die Tonart, die dem Sprechgesang ihren Beiklang gibt. Die Musik, die zu den Rezitativen tatsächlich gespielt wird, darf frei improvisiert werden. Mozart ist selbst so verfahren. Was für eine Chance, die Opern mit Musik aus allen Epochen und vor allem aus vielen anderen Genres durch die Zeit zu führen und sie in die Gegenwart zu tragen! Und: Was für eine Versuchung, genau das zu riskieren.

Ich beschloss damals, die Opern von den Rezitativen her zu denken. Die ganze Idee meines Mozart-Zyklus ist, dass die Hälfte der Opern aus Improvisationen besteht. Von Anfang an war klar, dass ich die Aufführungen vom Tasteninstrument aus dirigieren und mir in den Rezitativen alle Freiheiten nehmen würde, die die Partitur mir lässt, um diese mit meinen eigenen Improvisationen zu untermalen. Dabei wollte ich nicht nur das Cembalo, sondern auch das Hammerklavier und in *Die Hochzeit des Figaro* sogar mein Akkordeon einsetzen. Während die Sänger »sprechen«, improvisiere ich seitdem also, bediene mich allerding nicht nur des musikalischen Materials, das uns Mozart in all seinen Werken hinterlassen hat. Ziemlich bald begann ich in den Proben zu experimentieren, andere bekannte Themen zu verwenden, die uns große Musiker geschenkt haben und die thematisch mit dem Gesprochenen korrespondieren. Damit wurde ich automatisch Teil des dramaturgischen Geschehens.

Das, was ich zu den Rezitativen der drei italienischen Opern improvisiere, muss sowohl zu den Bewegungen der Sänger auf der Bühne passen, als auch zu dem, was sie sagen oder denken. Ihre Energie überträgt sich auf mich und umgekehrt. Was für ein Trip!

Wer genau hinhört, entdeckt heute viele Anspielungen auf weltberühmte Melodien: auf die *Habanera* von Bizets *Carmen,* auf französische Chansons wie etwa auf Edith Piafs *La vie en rose,* oder auf *Don't Cry for me Argentina,* ein Song aus dem Musical *Evita* von Julie Covington, auf *Yesterday* von den Beatles, auf ein Lied, das Frank Sinatra gesungen hat – *It was a very good year,* auf Melodien des Jazz, Tonfolgen der Blues Scale, aber natürlich auch auf Mozarts musikalisches Material – den Anfang des *Rondo alla Turca* zum Beispiel. Jeder kennt es.

Das alles entwickelte sich über die Zeit, es war ein Prozess, der schon mit der ersten Probe begann und in den Aufführungen bis heute nicht aufhört. Immer wieder jagen mir unterschiedliche Melodien durch den Kopf. Schon früh beschloss ich, ihnen ihre Freiheit zu geben, sie sozusagen aus mir herauszulassen.

Und immer haben die Melodien einen Bezug zur Gegenwart. So konnte ich nicht umhin, kurz nach dem Ausgang der US-Wahl zugunsten von Donald Trump in einer der Vorstellungen während eines Rezitativs auf die amerikanische Nationalhymne anzuspielen. Als der kanadische Musiker Leonard Cohen starb, habe ich in einer Aufführung von *Così fan tutte* sein berühmtes Hallelujah in meine Begleitung des Rezitativs der Fiordiligi eingebaut. »Oh che bella giornata« – »Oh, welch ein schöner Tag« jubelt sie in dem Moment. Ich erinnere mich genau: Für einige Sekunden summte das Publikum die Melodie dieses berühmten Songs sogar mit.

Zu gerne wüsste ich, was Mozart selbst in die Begleitung seiner Rezitative gemischt hat! Ich bin mir sicher, er hat eine Vielzahl von musikalischen Zitaten verwendet und sich dabei garantiert nicht nur auf seine eigenen Kompositionen bezogen. Wollte er seiner Musik einen barocken Klang verleihen, hat er wahrscheinlich zu Themen von Bach, Händel oder Telemann improvisiert. Ansonsten wird er seine Zeitgenossen zitiert und abgewandelt haben, allen voran Joseph Haydn. Sicher hat er auch

Musik von Antonio Salieri oder Vincente Martín y Soler verwendet und sie – an passender Stelle – gelegentlich mit dem ihm eigenen Spott überzogen. Im Vergleich zu Mozarts vielen Noten waren deren musikalische Einfälle tatsächlich schlicht. Für mich wurde sehr schnell klar, dass in den Rezitativen, die in allen drei Opern überwiegend die Handlung und weniger die Gefühle beschreiben, unendlich viele Möglichkeiten liegen, der jeweiligen Oper eine ganz eigene und immer wieder neue Stimmung zu verleihen und mit den Sängern und dem Publikum zu kommunizieren.

Wieder frage ich mich: Darf man so mit Mozarts Musik verfahren?

Ohne Zweifel, ja. Oder anders: warum nicht? Ich kann meiner Fantasie dort freien Lauf lassen, wo Mozart den Raum dafür geschaffen hat. Ich gehe sogar noch weiter: Mozart hätte es gar nicht anders gewollt. Er zwingt mich in seiner Partitur regelrecht dazu, kreativ zu werden, mir etwas auszudenken, musikalische Entscheidungen zu treffen, Stellung zu beziehen und das Neue zu probieren. »Neu – ist halt doch immer besser« – diese Worte, die er an seinen Vater gerichtet hat, sind sicher nicht nur auf den Stoff bezogen, den er vertonen wollte. Sie gelten für seine ganze Musik. Und damit auch für uns, seine Interpreten. Ich bin mir sicher, er hätte anerkannt, dass es andere Komponisten gibt, die Melodien schreiben, welche die Zeit überleben: Michael Jacksons *Billy Jean* zum Beispiel. Hätte es ihn gestört, dass es sich dabei um ein ganz anderes Genre handelt?

Das Reizvolle hier liegt auch im Risiko. Spontane Eingebungen während der Aufführungen führen einen manchmal auf unbekannte Wege. In den Improvisationen passiert dann unvermittelt etwas, das ich selbst nicht erwartet habe. Genau in diesen Momenten beginnen die Opern zu atmen – so wie die Figuren der Geschichte, von denen sie erzählen.

Musikwissenschaftlern, die sich seit jeher darum bemühen herauszufinden, wie Mozarts Werke damals wirklich gespielt wurden, kann dieser Ansatz nicht gefallen. Aber: Ist es wirklich wichtig, dass wir Mozarts Musik heute so vortragen, wie sie damals geklungen hat? Sicher nicht. Denn das verortet die Musik ausschließlich in ihrer Zeit, legt sie darauf fest und schiebt sie damit in die prunkvoll ausgestatteten Räume eines uralten Museums, von dem wir so oder so wissen, wie es innen aussieht. Schön – aber langweilig. Gerade das aber sollte Musik nicht sein. Und das ist für mich auch nicht ihre Zukunft. Der Raum, den Mozart in seinen italienischen Opern schuf, verlangt genau das Gegenteil. Schließlich sind die Themen, die Mozart verhandelt, ja auch nicht an die Zeit gebunden: Liebe, Betrug, Täuschung und Enttäuschung, Hass, Verirrung, Verzweiflung, Vergebung, Versöhnung, neue Liebe.

In allen drei Opern habe ich versucht, die Zeitlosigkeit der Musik herauszustellen, im *Figaro* am radikalsten. Der *Figaro* ist in Johannes Eraths Dresdner Inszenierung eine Reise über mehrere Jahrhunderte. Sie beginnt zu Zeiten der Commedia dell'Arte. Hier spiele ich Cembalo und halte mich vor allem in meinen Improvisationen an musikalisches Material aus dem Barock. Der zweite und dritte Akt spielen im Rokoko. Ich setze das Hammerklavier ein, später dann für die Begleitung der Sänger auch mein Akkordeon. Zweimal zitiere ich *La vie en rose*, das berühmte französische Chanson, das auf ewig mit der Stimme Edith Piafs verbunden ist und in die Gegenwart weist. Es erinnert an Paris. Die Musik entwickelt sich mit den Menschen in ihrer Zeit. Der vierte Akt findet im Hier und Jetzt statt. Die Rezitative werden nunmehr wie in einem echten Theaterstück gesprochen, was wiederum die individuelle Stärke der gesungenen Passagen heraushebt.

Diese Art, sich den Opern über die Rezitative zu nähern, hat mir die Möglichkeit gegeben, Mozarts Genialität unter meinen eigenen Fingern am Klavier tatsächlich zu spüren. Und plötzlich fügen sich die musikalischen Zitate so verblüffend in den Kontext, dass es mir erscheint, als hätte sie Mozart schon vor 250 Jahren prophezeit. Das hätte ich zu Beginn dieser Reise in seine Welt wirklich nicht für möglich gehalten. Seine Musik setzt in mir ungeahnte Ideen frei. In meinen Improvisationen steigen sie aus der Tiefe urplötzlich an die Oberfläche. Für mich ist das Mozarts Botschaft. Es ist diese Freiheit für uns Künstler, die Mozarts Musik ewig währen lässt.

Aber was hatte Mozart im Sinn, als er der Versuchung erlag, sich mit der gesellschaftskritischen Komödie von Beaumarchais einen wirklich brisanten Stoff vorzunehmen und damit ein enormes Risiko einzugehen? Wollte er wirklich nur provozieren? Den Adel oder gar den Kaiser kritisieren, die ihm immerhin ein Leben als freischaffender Künstler in Wien ermöglichten? Wahrscheinlich weniger. Er weiß, dass Joseph II. hier nicht kleinlich ist: Politische Kritik ist erlaubt, so lange sie sich nicht in Schmähungen erschöpft. Nur mit Anzüglichkeiten ist bei ihm nichts auszurichten. Die würde er verbieten. Auch das wusste der Komponist und brannte noch auf etwas ganz anderes.

VERIRRUNG

Wenn Mozart nach der Durchsicht von mindestens 100 Textbüchern enttäuscht konstatiert, dass ihm die Qualität des Materials nicht reicht, dann geht es nicht nur um politische oder gar erotische Brisanz. Er muss in den potenziellen Opernstoffen nach echten Menschen, oder zumindest Figuren gesucht haben, die er zu solchen machen kann, die also nicht ausschließlich Stereotype repräsentieren, sondern sich tief in ihre Seelen blicken lassen. Er will unbedingt Menschen schaffen, so hin- und hergerissen zwischen ihren widerstreitenden Gefühlen, so verwirrt und verzweifelt und verunsichert, wie es sie noch nie in einer Oper gegeben hat. Es sollen individuelle Charaktere sein, die ihren eigenen Versuchungen erliegen und sich in ihren Gefühlen solange verirren, bis sie irgendwann doch noch zur Einsicht kommen. Ist er nicht selbst so einer? Auf der Grundlage des französischen Stoffes könnte, so seine Hoffnung, Da Ponte die Vorlage genau dafür schreiben. Und der liefert. Keine der Hauptpersonen des *Figaro* wird eindeutig auf gut oder böse reduziert, auf treu oder untreu, auf stark oder schwach.

Schauen wir uns die Protagonisten einfach an: Graf Almaviva, in seiner Ehe gelangweilt, hat ein Auge auf Susanna, die Kammerzofe seiner Frau, geworfen, die Figaro, seinen Kammerdiener, heiraten will. Der Graf, eigentlich ein moderner, fortschrittlicher Mann, hatte vor längerem das archaische »Recht der ersten Nacht« (ius primae noctis) an seinem Hof verworfen. Jetzt aber bereut er es und stellt Susanna nach. Er würde seine Angestellte sogar bezahlen, wenn sie noch vor der Hochzeitsnacht mit ihm statt mit Figaro ins Bett steigt. Hinter dem progressiven Feudalherrn kommt plötzlich der Mensch zum Vorschein mit all seinen Widersprüchen: Trieb und Besitzsucht, verletzbarer Stolz, doppelte Moral. Natürlich leidet seine Frau, die Gräfin, unter der Untreue ihres Gatten, schließlich hatte der sich auch schon an die kleine Gärtnerstocher Barbarina herangemacht.

Ganz so eindeutig ist allerdings auch das Elend der Gräfin nicht, denn auch sie hegt noch andere Gefühle. Zwar will sie ihren Mann seiner Untreue überführen und ihn dadurch zur Raison bringen, merkt in dem Verwirrspiel der Handlung aber, dass sie sich auch zu dem adoleszenten Pagen Cherubino hingezogen fühlt, mit dem sie – zumindest nach der Vorlage von Beaumarchais – sogar ein Kind hat. Nicht so allerdings in der Mozart-Oper – das hätte in Wien niemals die Zensur passiert. Ebenso wenig agiert Susanna, die Verlobte des Figaro, ausschließlich arglos: Auch sie ist elektrisiert von dem gerade aus seiner Kindheit erwachten Jungen. Zudem ist ihre Haltung gegenüber ihrem Dienstherrn im Verlauf des »tollen Tages« alles andere als eindeutig. Anziehungskraft hat er ja, der Graf. Das spürt sie und will es doch nicht wahrhaben. Unversehens wird auch Figaro immer wieder hin- und hergeworfen, mal ist er willfähriger Helfer im Intrigenspiel der anderen, mal fast Erpressungsopfer. Er hat sich von der Beschließerin des gräflichen Anwesens Marcellina Geld geliehen und der älteren Dame dafür die Ehe versprochen, nichtwissend, dass sie eigentlich seine Mutter ist. Ein wenig tumb agiert der fast Vermählte zunächst, naiv ist er und gutgläubig. Im Verlauf des zunehmend unübersichtlichen Intrigenspiels, zu dem er mit Ideen für eine Doppelintrige zumindest beiträgt, wird er lernen, dass er den Grafen nur mit seinen eigenen Waffen schlagen kann. Er muss ihn eifersüchtig machen.

Wild dreht sich das Karussell am Hof, immer wieder spinnen die Charaktere neue Pläne, um ihren Willen zu bekommen, die alsbald zerplatzen. Nichts funktioniert, weil keiner dem anderen sagt, was er wirklich denkt und fühlt. Doch riskieren sie dabei alle mehr, als lediglich bei ihren Intrigen decouvriert zu werden. Sie setzen ihre Beziehungen aufs Spiel. Jeder in dieser Oper lebt und leidet. Sogar der hübsche Page Cherubino ist nicht ohne: In jede Frau im Schloss verliebt, kann er der Versuchung nicht widerstehen, sogar der Gräfin schöne Augen zu machen. In pubertärer Verwirrtheit riskiert er mehrfach seine Stellung – und fühlt sich einsam. Seine Einsamkeit besingt er leidend, nur hört ihm niemand zu.

Im letzten Akt der Oper verbünden sich die Gräfin und ihre Zofe, verabreden einen Kleider- und damit Rollentausch, um den Grafen endlich zur Vernunft zu bringen. Der geht tatsächlich in die Falle, macht in der Annahme, die Zofe vor sich zu haben, unwissentlich seiner Frau den Hof und wird dann auch noch rasend eifersüchtig, als er sieht, wie seine Frau, eigentlich Susanna, mit dem Verlobten der begehrten Zofe flirtet. Die stellt den Grafen schließlich zur Rede und damit bloß.

Ich habe mich oft gefragt, was uns dieser verrückte Hochzeitstag des Figaro mit all seinen so überzeichneten Verirrungen eigentlich vor Augen führen soll – einmal abgesehen davon, dass uns Mozart mit seiner Musik und seinem psychologischen Einfühlungsvermögen die unterschiedlichen Charaktere auf faszinierende Weise nahebringt. Dass hier erstmalig Menschen musikalisch beschrieben werden –

für eine klassische »Opera buffa«, die vor allem feste Rollentypen vorsieht, ist das geradezu revolutionär. Aber welche Aussage hat das Stück? Ist es die, dass Erotik als treibende Kraft immer wieder für Unordnung sorgt, was selbstredend für alle Zeiten gilt? Oder wird hier eine politische Forderung nach gesellschaftlicher Neuordnung riskiert, eine Art Palastrevolte, in der Herr und Diener, Gräfin und Zofe endlich auf Augenhöhe agieren, Vorboten von Vorstellungen übrigens, die ein paar Jahre später das Ancien Régime in Frankreich stürzen werden? Auch das könnte man auf die Gegenwart beziehen, auf die wachsende Ungleichheit, durch die sich die postindustriellen Gesellschaften wieder re-aristrokratisieren.

Oder ist *Die Hochzeit des Figaro* einfach nur ein pikantes Sittengemälde des ausgehenden 18. Jahrhunderts? Ein Lustspiel, ein Unterhaltungsstück mit vielen Wahrheiten, dem beizuwohnen vor allem eines bereitet – Spaß. Noch anders: Soll mir dieses Stück sagen, wie wichtig die wahre Liebe ist, wie wenig steuerbar oder auch wie verletzlich, aber vielleicht auch unerheblich, nur eine Illusion? Nicht zuletzt könnte man – zugegebenermaßen ziemlich gewagt – behaupten , diese Oper sage uns auch etwas über Mozart selbst, der sich womöglich in der Rolle des Cherubino beschrieb, wie er zwischen den Extremen hin- und herschwankt, zwischen Ruhm und Einsamkeit, Erfolg und Misserfolg, Trauer, Angst, überbordender Vergnügungssucht und Leidenschaft. Angeblich hat er für Cherubino seine Lieblingsarie geschrieben: »Ich suche ein Glück […] Ich weiß nicht, wer es hat, ich weiß nicht, was es ist.«

Alle diese Deutungen sind dank der ungeheuren Vielschichtigkeit der Oper möglich – die meisten von ihnen sehr aktuell. Nicht zuletzt, weil hier menschliche Charaktere auftreten, deren Regungen, Verhalten und daraus resultierenden Seelennöte gleichwohl prototypisch für alle Menschen sind. So ist *Figaro* für mich vor allem ein Stück, das mit bewussten und unbewussten Gefühlen spielt, die die Beziehungen der einzelnen Protagonisten zueinander verändern und sie immer wieder vor die Entscheidung stellt, wie sie wohl damit umgehen sollen. Es geht um Versuchung, das Risiko, die Verirrung, es geht um Fehltritte, die Verletzung des Gegenübers und am Ende um Vergebung. Für die Vergebung bedarf es im Vorlauf noch nicht einmal der bösen Absicht, sondern allein der Versuchung, die die Menschen ins Risiko treibt und an den Hoffnungen der anderen, an gesellschaftlichen Konventionen und an den eigenen Werten scheitern lässt. Das ist für mich das eigentliche Thema dieses Stoffs.

Am 29. April 1786 trägt Mozart *Le Nozze di Figaro* eindeutig als »Opera buffa« und damit als komische Oper in sein Werksverzeichnis ein, zwei Tage vor der Uraufführung am Wiener Burgtheater. Lange zuvor hatte sein Librettist Da Ponte dem Kaiser das Werk schon schmackhaft gemacht. Zwar war Joseph II. nicht gerade erbaut, dass sein Hofpoet ausgerechnet für Mozart dichtete. Als der dann aber dem Kaiser erste Passagen in der Hofburg vorspielte, war Joseph II. mehr als begeistert und gab das Werk tatsächlich in Auftrag. Was er nicht wusste: Eine komische Oper oder gar ein bloßes Lustspiel sollte dieses Werk bestimmt nicht werden.

VERGEBUNG

Vergebung ist nicht das vordergründige Thema der Oper, aber alles läuft darauf hinaus:
die Versuchung zu Beginn, die Entscheidungen, die die Charaktere auf der Bühne treffen,
das Risiko, das sie damit eingehen und die
Spiele, die sie treiben, um ziemlich bald die
Kontrolle über ihre Wirklichkeit zu verlieren.
Am Ende der ganzen Verirrungen steht die
Vergebung. Sie ist dafür da, die Wunden zu
heilen, die sich die Protagonisten in den fast
drei Stunden zuvor durch ihr Handeln zugefügt haben. Nur dass man sich dessen im
Verlauf der Oper kaum gewahr wird, weil
man zu sehr damit beschäftigt ist, sich über
die Musik in die Protagonisten einzufühlen –
in Susanna zum Beispiel. Durch ihre Omnipräsenz hält man sie für die Hauptperson des
Stücks, die – unabhängig von der Gesangs-
leistung ihrer jeweiligen Sopranistin – am
Ende vom Publikum immer mit dem meisten Applaus bedacht wird. Das ist logisch,
bekommt sie doch von Mozart auch die
besten Melodien. Aber ist sie wirklich die
Hauptperson?

Für mich dreht sich die Oper eigentlich um das Verhältnis des Grafen Almaviva zu seiner Frau und um deren gegenseitige Liebe, die nach ein paar Jahren der Ehe bereits ermattet zu sein scheint. Sie müssen im Sturm des tollen Hochzeitstages von Figaro und Susanna wieder zueinander finden. Am Ende der Oper schaffen sie es – mit einer großartigen Geste der Vergebung. Dass sie dadurch ganz zum Schluss als eigentliche Hauptpersonen in den Blick rücken, liegt an Mozarts Musik, die er über die gesamte Oper für diese letzte Szene aufbewahrt hat, wenn der Graf seine Frau um Verzeihung bittet.

Damit hat er die Schlüsselszene in *Die Hochzeit des Figaro* ans Ende der Oper verlegt – oder anders: Er hat damit das Ende der Oper zur Schlüsselszene werden lassen. Das ist einzigartig und wird sich in den beiden nachfolgenden Opern, die ihm Da Ponte schrieb, nicht mehr wiederholen. Auch die aufrichtige Vergebung wird es nicht mehr geben: In *Così fan tutte* wird sie – wenn überhaupt – ohne besondere Tiefe vorgetragen, in *Don Giovanni* wird es gar nicht um Vergebung, sondern um Rache und Verdammnis gehen.

Mozart hat diese letzte Szene des *Figaro* mit einer der schönsten und innigsten Melodien versehen, die er in seinem kurzen Leben je komponiert hat. Genau diese Musik führt am Ende alle zusammen – in einem großen Moment der Einsicht in die Notwendigkeit des Verzeihens. Durch seine Musik zu der kurzen Vergebungsszene vermittelt Mozart ganz zum Schluss, wie er diese Oper versteht und vom Publikum verstanden wissen möchte.

Hören Sie sich das einfach an: Wenn der Graf in seinem »Contessa perdono« seine Frau um Vergebung bittet, nimmt er all seinen Mut zusammen und beginnt mit einem sehnsuchtsvollen großen Intervallsprung über sechs Noten nach oben. Es ist die große, so wunderbar konsonante Sexte, das »Liebesintervall«. Verunsichert weicht er mit seiner Melodie allerdings sofort wieder drei Töne zurück in die entgegengesetzte Richtung nach unten. Er schaudert vor dem Ausgang seiner Aktion. Die Gräfin sieht ihn an. Keine Regung ist in ihren Zügen zu erkennen. Sie schweigt. Dunkel liegt ein Schatten zwischen ihnen beiden. Er seufzt. Noch einmal fasst er sich ein Herz. Diesmal geht er weiter, nimmt das Intervall von sieben Noten und wächst damit noch über sich hinaus. Es klingt dissonant, er fleht, es ist ihm wirklich ernst. Wieder folgt der Rückzug, für den Hauch einer Sekunde in Moll ausgerechnet auf dem Wort »perdono«, Bitterkeit schwingt mit, sie ergreift ihn kurz, noch muss er zweifeln, wie die Gräfin wohl reagieren wird nach all dem, was er ihr angetan hat. Sekunden später aber obsiegt seine Zuversicht, wenn seine Bitte um Verzeihung in Dur ausklingt. Bangen und Zuversicht liegen eng beieinander, so ist das meistens im Leben. Mozart selbst kennt es nur zu genau. Es ist gerade mal ein Halbton, der Moll zu Dur werden lassen kann und umgekehrt. Der Graf verstummt, er zittert, er verharrt. Was wird seine Frau ihm sagen?

Wenn die Gräfin ihre Stimme erhebt, wählt sie nicht gleich das »Liebesintervall«, mit der Graf Almaviva seine Bitte um Vergebung ausgesprochen hat. Dafür ist sie zu vorsichtig und bleibt zunächst darunter, nimmt nur einen Sprung über fünf Noten, was wir Musiker eine Quinte nennen. Aber: Würde man die Intervalle des Grafen und der Gräfin übereinander legen, ergäbe sich harmonisch gesprochen ein Kreis. Sie sind schließlich eine Familie. Und

sicher lieben sie sich noch. Nur versöhnt sind
sie noch nicht, sie singen nacheinander, nicht
gemeinsam. Erst im zweiten Anlauf wählt auch
die Gräfin das Liebensintervall, mit dem der
Graf seine erste Bitte erstmals ausgesprochen
hat. Aber auch das nur für einen kurzen Moment, um sich ihrerseits wieder zurückzuzie-
hen. Wie schwer es ihr fällt, ihrem Mann zu
vergeben, ist in dieser Musik zu hören. Zu stark
waren die Kränkungen der Vergangenheit, zu
unsicher ist die Aussicht darauf, dass er sich
bessern wird. Sie weicht ihm aus auf einen Akkord, der nicht zum Grundton führt, sondern
zu dessen Parallele, und den Musikkenner als
Trugschluss bezeichnen. Man muss sich nicht
in Musiktheorie auskennen, um sofort zu fühlen: Noch immer singt sie mit innerer Reserve,
ist noch nicht ganz bei ihm. Die Spannung
steigert sich für einen kurzen Moment. Die
Umstehenden halten den Atem an. Gibt sie die
Antwort, nach der ihr Mann sich sehnt? Hat
sie die menschliche Größe zu verzeihen?

Der Graf spricht seine Vergebungsbitte
nach den Regeln des Barock: Nach einem großen Intervallsprung müssen Schritte zurück
zum Ausgangspunkt folgen. Es ist eine Frage

der ästhetischen Balance. Seine Frau folgt genau dieser Regel nicht. Sie nimmt das Intervall, führt ihre Stimme aber weiter in die Höhe, erreicht sogar die Sexte, mit der ihr Mann seine Bitte um Vergebung eingeleitet hat, ist aber noch immer nicht auf sicherem Grund. Vergeben ist riskant. In der Höhe wankt sie, hält die ersehnte Antwort ein weiteres Mal zurück, bewegt sich auf ihren Mann zu und endet wieder in dem musikalischen Trugschluss. Aber diesmal nur für einen kurzen instabilen Moment, auf dem unwichtigsten Schlag des Taktes. Die Schlossangestellten fühlen es förmlich: Ihre innere Reserve löst sich langsam. Sie leiden mit ihr, bangen und hoffen. Noch einmal singt die Gräfin eine kleine melodische Schleife, die sie schließlich in einem klassischen Schluss – für Musikkenner über die Dominante und die Subdominante – an die Seite ihres Mannes führt. »Ja!« – sie wird ihm verzeihen. Erleichtert atmet die Schlossgesellschaft auf.

Wie oft habe ich mich gefragt, ob Mozart genauso darüber nachgedacht hat wie ich, wenn ich seinen Noten folge, oder ob er die Noten für diese so verblüffend menschliche Szene seiner Eingebung nach schrieb. Womöglich Letzteres: Wenn sich seine überragende Begabung überdeutlich zeigt, dann in dieser kleinen Passage, in der die gesamten Seelennöte, die das Bitten um Verzeihung und das Vergeben ausmachen, in Musik gefasst sind. Menschlicher kann man nicht komponieren.

Die Umstehenden haben gebannt verfolgt, was sich vor ihren Augen abspielt. Sie haben mit dem Paar gezittert, sind Zeugen der Reue des Grafen und des inneren Zwiespalts seiner Frau geworden, die sich schließlich zur Vergebung überwindet, weil sie ihren Mann immer noch liebt.

Am Ende stimmen sie ein in den Versöhnungsgesang – alle gemeinsam. Aber sie singen nicht etwa die Melodie des Grafen, mit der er um Vergebung bat. Sie singen die Melodie seiner Frau. Jeder von ihnen hat begriffen, dass der Gräfin der schwierigere Part in der Auseinandersetzung zufällt. Sie muss verzeihen. Sie alle müssen es auch, zu sehr haben sie sich gegenseitig verletzt. Sie spüren, ohne Vergebung kann es im Leben nicht weitergehen. Ist es nicht so, dass Mozart der gesamten Oper in diesem musikalischen Augenblick eine ganz neue Richtung gibt?

Ich frage mich, ob er mit Da Ponte darüber gesprochen hat? Der hat den Stoff schließlich geschrieben. Würden die Verse nur gesprochen, könnte man meinen, der Dichter beende dieses Stück mit einer Parodie, in der sich die Verwicklungen des Possenspiels auf wundersame Art und Weise entwirren und die Welt plötzlich wieder in Ordnung ist. Zumindest scheinbar. Die Vergebungsszene wäre kaum mehr als ein Burgfrieden, bevor der Graf schon bald wieder auf Freiersfüßen wandelt. Das Publikum hätte ein paarmal laut gelacht und Figaros tollen Tag als das verstanden, was er vordergründig ist: eine Komödie.

Nur liefert Mozart mit seiner Musik die gegensätzliche Interpretation. Er tut das mit einer so verblüffenden Klarheit, dass die Oper am Ende ganz neu schimmert. Welche Geschichte sollte hier wirklich erzählt werden? Die von Liebe und Eifersucht? Oder jene von der Ignoranz des Adels, der seinen Untergebenen nicht mehr gewachsen ist? Keine von beiden, weil Mozart etwas ganz anderes im Blick hat: Es geht ihm um die Substanz zwischenmenschlicher Beziehungen.

Wer kennt nicht die Filme, deren Auflösung plötzlich eine ganz andere Sicht auf das Vorangegangene ermöglicht, ein tieferes Verständnis, einen Moment, in dem uns ein Licht aufgeht, sodass man den ganzen Film am liebsten gleich noch einmal sehen möchte? Das sind die besten Produktionen, die doppelbödigen, die vordergründig die eine und im Hintergrund die wahre Geschichte erzählen. So ergeht es mir mit dem *Figaro*. Am Ende erschließt sich der Sinn des ganzen Versteckspiels, der Verführungen, der Lügen und Verwechslungen, der Peinlichkeiten und Ausflüchte. Sie alle sind nur die Vorbereitung für den großen Moment der Vergebung, der das Zeug hat, die Komödie im Moment ihres Ausklingens kurzerhand in ein Drama zu verwandeln. Denken Sie an die Dramatik der Marcellina, die sich partout mit Figaro vereinigen will und ihn dafür erpresst, nicht wissend, dass sie seine Mutter ist. Oder an die Ungehörigkeit Susannas, die sich viel zu sehr zu Cherubino hingezogen fühlt, obwohl er eigentlich noch ein Kind ist, die ihn bis auf die Unterhose auszieht, was ihn erregt, und ihn dann als Frau verkleidet. Oder an die Besitzsucht des mäch-

tigen Grafen, der die ganze Zeit danach trach-
tet, Susanna ihre Unschuld zu nehmen. Das
alles sind beileibe keine komödiantischen
Kleinigkeiten.

Die Bitte um Verzeihung fällt jedem schwer.
Zu vergeben aber ist noch viel schwieriger. Es
ist ein Akt mit hohem Risiko, vielleicht dem
größten, das es in zwischenmenschlichen Beziehungen gibt. Wer sich einmal erniedrigt und
um Vergebung bittet, ist seine Sorgen los. Wer
Vergebung schenkt, indes noch nicht. Weiß er,
wie ernst es seinem Gegenüber wirklich ist?
Und doch: Ohne Vergebung sind menschliche
Beziehungen nicht denkbar. Sie würden nicht
lange bestehen. Wenn zum jüdischen Versöh-
nungstag Jom Kippur die Menschen eine
Nacht und einen Tag lang fasten und beten
und damit Gott um Vergebung bitten, werden
ihnen ihre Sünden vom Allmächtigen verziehen. Aus der Pflicht, sich mit ihren Mitmen-
schen zu versöhnen, entlässt er sie allerdings
nicht. Man muss dem anderen schon in die
Augen schauen.

Wenn also alle neun handelnden Personen
auf der Bühne am Ende dieser grandiosen
Oper unabhängig von Stand und Herkunft in

die elegische Vergebungsmelodie der Gräfin einstimmen – Graf und Gräfin selbst mit ihrem Kammerdiener Figaro, mit dem Musiklehrer, mit der Zofe, dem Pagen, der Beschließerin und sogar dem Gärtner und seiner minderjährigen Tochter –, wenn alle Stände und Generationen in dieser Schlussszene versöhnlich gemeinsam singen und damit die ganze Gesellschaft, dann wagt Mozart hier die eigentliche Kernaussage seiner Oper: Die Bereitschaft zu vergeben ist Grundvoraussetzung für unser soziales Überleben.

INTERMEZZO

Die Wiener Komponisten rennen Da Ponte die Türen ein – 1787 gleich drei von ihnen: Antonio Salieri, Vincente Martín y Soler, den Da Ponte immer nur »Martini« nennt, und Mozart. Für den Dichter ist die Versuchung ungeheuer, drei Operntexte gleichzeitig zu schreiben. So etwas hat er noch nie getan. Er achtet alle drei Tonsetzer, verprellen will er keinen von ihnen. Soll er das schier Unmögliche wagen? Er überlegt: Die Aufgabe für den mächtigen Salieri ist harmlos. Denn der verlangt gar nicht nach neuem Stoff, will nur eine freie Übersetzung des *Tarare* vom Französischen ins Italienische in Auftrag geben, einer Oper, die er schon vertont und in Paris zu beachtlichem Erfolg gebracht hat. Dagegen lassen Martín y Soler und Mozart Da Ponte bei den Stoffen freie Wahl. Da Ponte weiß, für Martín y Soler muss etwas Gefälligeres, Leichtes her – *L' arbore di Diana* – etwas, das wunderbar zu seinen harmlosen Melodien passen und mit seiner ganzen Wollust die vergnügungshungrigen Wiener verzaubern wird. Mozart aber braucht Material von anderem Kaliber. Ihm schlägt Da Ponte den damals schon bekannten Don-Juan-Stoff vor.

Der Dichter weiß, was das für ihn bedeutet: Bald wird er die Nächte durchschreiben müssen – zwölf Stunden hintereinander, »mit einer Flasche Tokaier zur Rechten, das Tintenfass in der Mitte, einer Schachtel Sevilla-Tabak zur Linken.« Für den lebens- und liebeshungrigen Poeten muss natürlich auch noch eine Muse her. Die hübsche 16-jährige Tochter seiner Vermieterin wird stets zur Stelle sein, wenn der Dichter mit einem Glöckchen nach ihr klingelt. Sie wird ihn mit Kaffee und Gebäck versorgen, ihn anlächeln und, wenn der Schreibfluss ins Stocken zu geraten droht, auch mit Liebesdiensten nicht geizen, auf die sie sich, wie Da Ponte später wohlwollend bemerkt, bestens versteht.

Doch bevor er loslegt, muss er als Hofpoet erst einmal beim Kaiser vorstellig werden, um dessen Erlaubnis einzuholen, die drei Komponisten gleichzeitig zu bedienen. Joseph II. ist skeptisch. Er kennt den Geltungsdrang seines Hofdichters, der immerhin seit vier Jahren in seinen Diensten steht. Sollte der ruhmsüchtige Da Ponte inzwischen tatsächlich jede Bodenhaftung verloren haben, wenn er an drei Texten gleichzeitig arbeiten will?

Über die Maßen eitel ist er, vor allem aber schlagfertig. Den Monarchen hat er mit seinem Sprachwitz im Handumdrehen überzeugt: Morgens will er für Martini schreiben, und es wäre als studierte er Petrarca, abends dann für Salieri. Dabei werde er Goethes Tasso vor Augen haben. Die dunklen Nächte aber sind Mozart vorbehalten. »Nachts schreibe ich für Mozart und denke dabei an Dantes Inferno.«

In gerade einmal zwei Monaten sind immerhin die Texte zweier Opern fertig. Nur Salieri lässt er warten.

II.

DON GIOVANNI: ANGST

HÖLLENFAHRT

Wie eine dunkle Wolke schwebt das Unheil vom ersten Moment an über dem Orchestergraben, noch bevor den Sängern ein Wort über die Lippen kommt. Es ist von unten aufgestiegen und einfach da, unausweichlich, endgültig. Mozart hat es erschaffen mit einem einzigen Akkord, der, kaum dass er erklingt, das ganze Opernhaus erfasst. Sechs lange Sekunden lässt der Komponist ihn stehen, bevor er auf den dunklen Saiten der Celli und Kontrabässe ausklingt. Schon folgt der nächste und treibt die Düsternis noch weiter.

Der Beginn der Ouvertüre, die Mozart für seinen *Don Giovanni* komponiert hat, kommt einer dunklen Vorsehung gleich und lässt auch in ihrem weiteren Verlauf für Erlösung keinen Raum. Verzweifelte Rufe aus der Finsternis werden schnell wieder unterbrochen von den schweren Akkorden des gesamten Orchesters. Passagen, in denen sich die Liebe und Leichtigkeit des Seins der Dunkelheit zu entwinden scheinen, werden schon bald nach ihrem Erklingen brutal erstickt.

Unheil und Schmerz tragen die aufeinanderfolgenden Halbtöne in sich, die sich kurz nach Beginn dieses Schreckensspiels aus der Gruppe der Violinen in die Höhe schrauben, um dann ermattet niederzusinken. Viermal hintereinander, so zaghaft, wie sie aus dem Graben nach oben führen, könnten sie auch Verlockung bedeuten. Verlockung – nur wohin? Ins Verderben? Sie setzen sich nicht durch. Es ist alles vergeblich – der Hölle entkommt niemand. Da unten existieren weder Liebe noch Erbarmen, schon gar nicht Trost.

Während die Ouvertüre ihren Lauf nimmt, habe ich den gestürzten Helden schon vor Augen, dessen Namen die Oper trägt. Er ist längst zur Hölle gefahren, weil Mozart ihn zum Tod verurteilt, noch bevor die Geschichte ihren Anfang nimmt. Ich stelle mir Don Giovanni vor, wie er sehnsüchtig aus den Tiefen des Infernos seinen Blick hoch zur Erde richtet. Von unten sieht er die Menschen tanzen und weiß aus eigener Erfahrung, dass ihre Heiterkeit wohl kaum von Dauer sein wird. Genau wie in der ganzen Oper, wenn sich höchste Lust mit dem Schrecken des Erkennens und dem Drang nach Rache paart. So jedenfalls hat

Mozart seine Ouvertüre für den *Don Giovanni* komponiert. Wer eine heitere Eröffnung erwartet hat, den muss schon bei den ersten Klängen ein Schauder befallen. Jeder spürt sofort: Das Spiel, das folgt, wird nicht gut ausgehen. Im Verlauf der Oper wird er diesen Schauder erst einmal wieder vergessen. Ganz entkommen wird er ihm nicht.

Das alles liegt für mich in dieser singulären Eröffnung des *Don Giovanni*, deren tatsächliche Bedeutung sich für die fast ausschließlich in Dur komponierte Oper erst in jenem Moment am Ende erschließt, als diese Akkorde mit dem Geist des von Don Giovanni ermordeten Commendatore noch einmal wiederkehren. Die Höllenfahrt des Schwerenöters hat Mozart von Anfang an vorhergesagt und dabei auf D-Moll zurückgegriffen, eine Tonart, in der er vier Jahre später sein Requiem komponieren wird.

Schon als Kind habe ich mich vor diesem Werk gefürchtet. Keine andere Oper – und sei sie noch so grausam – hat in mir jene tiefe Angst ausgelöst, die bereits die ersten Takte der Ouvertüre hervorrufen, bevor wir wissen, wie die Geschichte wirklich spielt. Unauslöschlich verbinden sie sich in meinem Gehirn mit den Bildern aus Miloš Formans Film *Amadeus*, in denen ein kranker Mozart vor einem ziemlich leeren Burgtheater in Wien die Todesszene des *Don Giovanni* dirigiert. Hundertmal habe ich den Film als Kind gesehen. Ich kenne die Texte und alle Musikpassagen auswendig. In dieser letzten Szene der Oper auf der Leinwand singt Don Giovanni nicht mehr, er schreit – das Antlitz vor Entsetzen verzerrt. Feuerfackeln jagen ihn über die Bühne. Mozart dirigiert mit weit aufgerissenem Mund. Die Bühne verwandelt sich in einen Hexenkessel, der immer wilder brodelt und am Ende explodiert. Rauch schießt in die Höhe, der Protagonist stürzt in den Bühnenhintergrund hinab, die Kulisse bricht zusammen. Das Spiel ist aus. Aber der Film noch nicht. Ich sitze als Kind davor und beobachte den dürftigen Applaus, der aus den schwach besetzten Rängen vereinzelt zu vernehmen ist, die von der Bühne aus wie zahnlose Kiefer aussehen. Fast bricht es mir das Herz.

Heute weiß ich, dass die Wiener das abrupte Ende damals gar nicht verstanden haben, musste eine italienische Oper aller Konvention nach doch eigentlich versöhnlich ausklingen. Genau das aber ist in der Wiener Fassung nicht der Fall. Vage erinnert die letzte Szene die Zuschauer an das düstere Vorspiel. Am Ende der Oper wird ihnen erst bewusst, was der Beginn der Ouvertüre vor 180 Minuten eigentlich zu bedeuten hatte: Das hier ist nicht komisch, es handelt sich noch nicht mal um ein »Dramma giocoso« und damit ein Stück auf der Schwelle zwischen der »Opera buffa« und der »Opera seria«, zwischen komischer und ernster Oper. Vielmehr vollzieht sich auf der Bühne ein echtes Drama mit tragischen Zügen, das dem Leben erschreckend nahe kommt. Zeichnet sich hierin nicht auch Mozarts eigene Tragödie ab? Der Komponist hat die Oper nach eigenem Bekunden nicht nur für seine Prager Freunde, sondern auch für sich selbst geschrieben.

Alles ist in dieser Ouvertüre vorweggenommen, nicht nur der Tod des Wüstlings und Mörders Don Giovanni, der mit seiner Fahrt zur Hölle eine gerechte Strafe für den Mord und all das Leid erhält, das er mehr als 1000 Frauen zugefügt hat. Auch die Liebessehnsucht der Aristrokratin Donna Anna ist in dieser Ouvertüre zu erahnen. Sie ist zwar mit

Don Ottavio verlobt, wird aber von Don Giovanni verführt und spürt erstmals, wie herrlich es sein kann, wenn die Hitze echter Leidenschaft in einem aufsteigt. Gegen die Gefühle, die der Verführer in ihr schürt, ist ihr Bräutigam ein echter Langweiler, nicht mehr als ein Vernunftmensch. Dann ist da die Bewunderung des frechen Dieners Leporello für Don Giovanni. Er ist der Weggefährte des ewigen Freiers, für einen Diener viel zu eigenständig und aufmüpfig, und viel zu sehr auf Augenhöhe mit seinem Herrn. Genauso lässt sich die Sehnsucht der von Don Giovanni längst verlassenen Donna Elvira in dem düsteren Vorspiel schon erspüren, wie sie immer noch verzweifelt darauf hofft, dass er sich ändert, und doch genau weiß, dass so etwas nicht passieren wird. Schließlich das bäuerliche Brautpaar Zerlina und Masetto, deren Eintracht Don Giovanni ordentlich durcheinanderbringt. Schon die Ouvertüre warnt uns: Über das beschauliche Leben dieser Figuren wird der atemberaubend anziehende Don Giovanni in Kürze wie ein Sturm hinwegfegen und wieder verschwinden. Hinterlassen wird er – ja was? – das Nichts.

Angst ist ein Gefühl, das ich mit Don Giovanni verbinde – bis heute. Das hat sich in den vergangenen Jahren intensiver Beschäftigung mit dem Text Da Pontes und der Partitur Mozarts nicht geändert. Im Gegenteil: Zwar hat die Oper diesen kindlichen Schrecken durch Feuer, Tod und einen durch den mageren Erfolg in Wien erbarmungswürdig gekränkten Mozart verloren, aber die Ängste, die sich mit dem Sujet und seiner Musik verbinden, sind vielfältiger geworden. Ich weiß nicht mehr, wie oft ich die Partitur gelesen habe, wie viele Male die ersten Akkorde in meiner Vorstellung aufgestiegen sind, wie häufig ich sie in Proben und Aufführungen dirigiert habe. Ich weiß nur, dass sie noch immer in der Lage sind, dieses beängstigende Gefühl hervorzurufen. Dann überkommt mich ein Schaudern, weil mir bewusst wird, dass ich in den nächsten drei Stunden erneut zusehen muss, wie Mozart und Da Ponte in ihrem Werk menschliche Schwächen gnadenlos entlarven: die Heuchelei, den Schwindel und die Lügen, dazu den ewigen Hang zum Selbstbetrug – das findet doch nicht nur auf der Bühne, sondern in uns allen statt. Und es hat das Zeug dazu, uns das

Leben zur Hölle zu machen. Hätte Da Ponte nicht auch für Mozart leichteren Stoff schreiben können, der einem weniger zusetzt?

Bei der Uraufführung am 29. Oktober 1787 in Prag müssen die Musiker diese düstere Ouvertüre vom Blatt spielen. Sie war zu den Proben jedenfalls noch nicht geschrieben. Zwar wurden Ouvertüren zu der Zeit meistens am Ende des gesamten Schaffensprozesses komponiert. Doch Mozart muss sie buchstäblich auf den letzten Drücker zu Papier gebracht haben, angeblich am Tag der Uraufführung selbst. In einem aberwitzigen Rausch drückte er damit der ganzen Geschichte seine Sichtweise auf. Setzte Da Ponte die Höllenfahrt des aristokratischen Wüstlings Don Giovanni ans Ende, stand sie für Mozart schon von vornherein ganz außer Frage. Wer sich für so ein Leben entscheidet, für den gibt es kein Entrinnen. Er wird seinen Preis zahlen müssen. Und die, die sich auf ihn einlassen, gleich mit. Die Hoffnung hat nach dieser Ouvertüre keine Chance mehr.

VERFÜHRUNG

Die Verführungskraft des Don Giovanni sucht seinesgleichen. Spätestens im zweiten Akt werden alle dem adeligen Wüstling erlegen sein: Donna Anna und Donna Elvira, Zerlina, Leporello, das Publikum und ich als Dirigent. Widerwillig zwar – Don Giovanni ist beileibe kein guter Mensch – aber auch mit einer heimlichen Lust. Das hat seinen Grund: Don Giovanni ist als Meister der Verführung nie wirklich greifbar und deshalb umso begehrenswerter – auch wenn er manipuliert, betrügt, lügt und sich darüberhinaus über die ernsthaften Gefühle seiner Umwelt noch mokiert. Er übt auf die Menschen, die seinen Weg kreuzen, eine unwiderstehliche Faszination aus – die Faszination des Regelbrechers, des Sündigen. Wir alle haben einen persönlichen Bezug zur Sünde: Manche von uns hassen sie, andere lieben sie, wieder andere lieben die Sünden anderer, die nächsten ergötzen sich daran, über die Sünden anderer zu urteilen. Nur Don Giovanni denkt nicht in diesen Kategorien und genau das macht seine Anziehungskraft aus. Was heißt schon Sünde, was gut, was böse? Sein Charakter gibt ihm die Freiheit, sich über all das hinwegzusetzen und Wertvorstellungen umzustoßen. Seinen Mord am Anfang haben wir schnell vergessen und schon bald beginnen wir, ihm seine Lügen und seine ungezügelte Begierde zu verzeihen: Weil wir – manchmal – ganz gerne vielleicht auch so wären? Wir bewundern seine Skrupellosigkeit, seine amoralischen »Tugenden«, die ihm die Regelbrüche erst ermöglichen, während wir in gesellschaftlichen Konventionen gefangen sind. Und doch wissen wir, dass das, was Don Giovanni dort treibt, eigentlich nicht richtig ist.

Gleichwohl könnte ich standhaft bleiben und Don Giovanni als das sehen, was er ist: ein substanzloser Verführer. Gäbe es nur den Text, wäre ich vielleicht in der Lage, mich von ihm abzugrenzen. Doch Mozarts Musik macht einem das unmöglich. Sie verleiht dem Bösewicht eine Anziehungskraft, der sich weder die anderen noch ich entziehen können. Wie macht Mozart das?

Er umgibt Don Giovanni mit einer atemberaubenden Unnahbarkeit. Don Giovanni ist der einzige der Protagonisten, für den Mozart keine richtige Arie geschrieben hat. Er bekommt zwei kleine Solo-Auftritte. Die aber sind viel zu schnell vorüber, als dass er dadurch zu begreifen wäre. Es handelt sich um kurze, gesungene Kommentare, nicht mehr. Bevor man sich in ihn hineinversetzt hat und ein Urteil über sein Handeln fällen könnte, hat er sich schon wieder abgewandt, um sein Spiel gnadenlos weiterzutreiben. Kaum dass man ihn hört, ist er auf und davon. Bei Don Giovanni ist das Prinzip. Mozarts Don Giovanni spricht und singt – aber niemals von sich selbst.

Die anderen Figuren werden dagegen mit richtigen Arien herausgestellt, die alles enthalten, woraus die meisten klassischen Opernarien bestehen: eine langsame Einführung und ein Allegro. In diesen Arien manifestieren sich die einzelnen Charaktere, jeder für sich. Schnell wird deutlich, dass jeder dieser Individualisten auf die verführerische Urgewalt des Schwerenöters anders reagiert: mit Vernunft, mit Hass, mit Rachegelüsten, mit Verzweiflung. Dass ausgerechnet die Hauptperson der Oper vom Komponisten mit keiner echten Arie bedacht wird, verfehlt seine Wirkung nicht – Don Giovanni ist da und doch nicht da, wir sehen ihn, aber nur durch die Emotionen und Schilderungen der anderen. Dadurch ist er selbst dann präsent, wenn er sich gerade nicht auf der Bühne bewegt, während seine Opfer von ihren Seelennöten berichten. Sie singen ja von ihm, weil sich alles um ihn dreht. Denken Sie an die berühmteste Don-Giovanni-Arie der Oper. Sie wird gar nicht vom ihm, sondern von Leporello vorgetragen. Es ist die »Katalogarie«, in der der Diener der verzweifelten Donna Elvira von den unzähligen Affären seines Dienstherrn berichtet. Wieder dreht sich alles nur um ihn.

Am Anfang bin ich geduldig, doch im Verlauf der Oper wird seine Flüchtigkeit beängstigend. Er bekennt sich zu nichts – anders als die anderen schon gar nicht zu Gefühlen. Wir wissen nicht, was er denkt. Wir wissen nur: Er lebt ganz im Moment, er spielt fortdauernd, hält die ganze Bühne in Bewegung. Kann es sein, dass ausgerechnet der Motor des Dramas überhaupt kein tieferes Profil entwickeln soll?

Wer ist er eigentlich? »Ein Mann, der keinen Namen hat« – so jedenfalls stellt sich Don Juan in seinem ersten Auftritt in Tirso de Molinas 1630 gedrucktem Drama vor, das ziemlich am Anfang der literarischen Verarbeitung der Don Juan-Legende steht. Das ist mehr als nur ein flotter Spruch. Don Giovanni weist damit schon im Urstoff a priori jede individuelle Verantwortlichkeit für sein Handeln von sich, für die in organisierten Gesellschaften der Name erste Voraussetzung wäre.

Er ist dauernd in Aktion, er singt in vielen Duetten und provoziert immerzu die Reaktionen seiner Umwelt. Um eigene Gefühle geht es hier nicht. Es geht nur darum, sie bei anderen herauszufordern und ihr Begehren zu wecken. Denn ohne die kann sich ein Don Giovanni gar nicht selbst bestimmen. Manchmal denke ich: Ist das nicht bei vielen großen Demagogen ähnlich, die bis heute in allen Zeitaltern in der Lage waren und sind, die Massen zu bewegen? Wir wissen nicht, was sie fühlen, wir hören sie selten über sich selbst sprechen und sehen sie immer nur agieren, um sich in der Reaktion ihrer Umwelt zu spiegeln.

Auf dieser Linie liegt die ganze Musik, die Mozart auf die Rolle Don Giovannis komponiert. Er hat nicht ein einziges musikalisches Thema, das ausschließlich ihm gehört. Seine leichten Melodien nehmen die Musik der anderen lediglich auf, der Donna Anna, ihres alten Vaters dem Komtur, von Zerlina oder Donna Elvira und von seinem Diener Leporello. Er passt sich an in Harmonie und Takt. Hat man nicht immerzu das Gefühl, man hätte das, was er singt, irgendwo schon einmal gehört? Er ist in der Lage, sich den anderen derart anzuverwandeln, dass er in deren Sphäre ganz verschwindet.

Aber Don Giovanni betört auch, wenn er spricht, nicht singt. Er manipuliert, wenn er das Bauernmädchen Zerlina nach ihrem Namen fragt und ihr nicht nur seine Zuneigung, sondern zunächst seinen Schutz zusagt, allein um den Moment vorzubereiten, in dem er endlich übergriffig werden kann. Die Rezitative der Oper begleite ich auf dem Hammerklavier. In den Momenten, in denen Don Giovanni die Wahrheit hanebüchen offensichtlich verdreht und sein Gegenüber manipuliert, ist allerdings das Cembalo zu hören mit seinem weniger akzentuierten, dynamisch fortwährend gleichbleibenden und damit schwerer fassbaren Klang. Don Giovanni kriegt sie alle.

Jeder der Protagonisten reagiert darauf anders. Selbst Masetto und Zerlina, das verliebte junge Bauernpaar, deren Liebesbeziehung durch den Adeligen ziemlich heftig auf die Probe gestellt wird. Allerdings nur kurz – die unterste soziale Klasse ist notgedrungenerweise bodenständig geblieben und daher nicht ganz so anfällig. Das kommt vor allem Zerlina in diesem Drama sehr zugute. Durch die Musik können wir das spüren: Wie in vielen anderen Opern bekommt der niedrigste Stand den Dreiertakt – meistens sind es sechs Achtel, alle drei Schläge ein Downbeat, fast so wie das Eins-Zwei-Drei des Walzers. Nur schneller, leichtfüßiger noch. Zerlinas erste Arie, die zweite, ihr Duett mit Don Giovanni – immer spielt dieses Taktmaß eine wichtige Rolle, auf das sich selbst der adelige Verführer herniederlässt. Natürlich bleibt auch sie von seinem unverfrorenen Werben nicht unberührt. Doch lässt uns die Musik deutlich spüren: Es erschüttert sie nicht bis ins Mark.

Ganz anders liegen die Dinge bei Donna Anna und Donna Elvira, den beiden Damen aus der Aristokratie, deren Begegnungen mit Don Giovanni zum echten Drama werden. Denn auch sie sind ihm erlegen – jede auf ihre Weise. Mit der Schwere des Viervierteltakts nimmt Mozart ihnen die Unbedarftheit, das Erlebte zu verdauen. Beide kommen einfach nicht von ihm los: Donna Anna sinnt fortlaufend auf Rache für den Mord an ihrem Vater und für die Kränkung einer Verführung, die ihr so unangenehm nicht gewesen ist, worin genau die Kränkung liegt. Er hat sie vor sich selbst entlarvt. Donna Elvira leidet als abgelegte Geliebte immer noch. Ihre zweite große Arie »Mi tradi« – »Er hat mich betrogen« – singt sie in Es-Dur. In den Passagen, in denen ihre Verzweiflung zum Himmel schreit, wechselt sie nach Es-Moll. Für einen Komponisten war es zu jener Zeit äußerst ungewöhnlich, ausgerechnet diese Tonart einzusetzen. Kaum je zuvor hat sich jemand daran gewagt, nicht zuletzt weil es bis zu der Zeit so schwierig war, die Instrumente in dieser Tonart zu stimmen. Weit ist Mozart seiner Zeit hier voraus, gelangte Es-Moll erst in der Romantik zu einer gewissen Popularität als Tonart, die Ängstlichkeit und Trauer in sich vereint, dazu die Düsternis der seelischen Verfassung, ein Schaudern des Herzens, wenn sich Abgründe auftun, weil man den Boden unter den Füßen verliert. Dabei vertont Mozart die Tragik des Textes mit den Melodien eines Liebesliedes, das gar nicht unbedingt zur Tonart passt. Donna Elvira denkt eben etwas anderes, als sie sagt: Wie herrlich könnte eine wahre Liebesbeziehung mit Don Giovanni sein! Sie liebt ihn und hasst ihn dafür, sie sinnt auf Rache und sehnt sich doch so sehr danach, ihm zu vergeben. Wenn er nur endlich zur Besinnung käme! Und doch weiß sie, dass genau das nie geschehen wird, weil Don Giovanni gar nicht anders kann, als immer neue Affären zu beginnen. Seine Kraft liegt in der sinnlichen Begierde, die ihn bestimmt und die er bei anderen weckt. Mehr ist da nicht. Die Verzweiflung, die sich in dieser Arie ausdrückt, ist mehr als herzzerreißend, sie ist zum Fürchten.

Allein in Spanien hat Don Giovanni mehr als 1000 Frauen zur Raserei gebracht. Sein Diener Leporello hat pedantisch Buch geführt. Nicht eine Minute macht sein Herr sich darüber Gedanken, was er da eigentlich mit den Menschen treibt. Es muss so sein, denn Don Giovanni ist ein Antiheld. Seine Läuterung bleibt aus, dafür fehlt ihm schlussendlich die Substanz. Er hat keine eigene Tiefe. Er hat ja noch nicht einmal eine eigene Musik. Mit

Leichtigkeit nimmt er die vielen Intervalle, die Mozart ihm geschrieben hat, springt mit der Stimme unaufhörlich hoch und runter, von einer amourösen Laune zur nächsten. Er ist nunmal ein sprunghafter Charakter, ein Leichtfuß, ein Nichts. Ist es nicht schaurig schön, sich von so einem so betören zu lassen, um ihm am Ende auf den Leim zu gehen?

Die Protagonisten der Oper brauchen ihn. Was wäre ihr Leben ohne die Leidenschaft, die er entfacht, ohne die Liebe, ohne die Lust der Rache und die schmerzliche Sehnsucht danach, dem Verführer zu vergeben? Was wäre es ohne die Hoffnung, dass sich dieser Wüstling doch noch zum besseren bekehren lässt? Muss man in Don Giovanni nicht weniger den Zerstörer sehen als einen, der durch seine Existenz die anderen erst zum wahren Leben erweckt? Einer der – wenn auch krankhaft vergnügungssüchtig – Vertreter aller gesellschaftlichen Stände auf sein Schloss einlädt und zum gemeinsamen Tanzen verführt, was die erstarrte soziale Ordnung aufbricht und endlich Bewegung in die ständische Gesellschaft bringt. Da verbindet sich das Menuett der Aristokraten mit dem Paartanz der Bürger und einem einfachen Bauernreigen. Harmonien und Taktarten laufen gegeneinander, Dissonanzen sind die Folge. Jetzt, in diesem sozialen Chaos, das Don Giovanni angerichtet hat, spüren sie einander endlich alle. »Ohne jegliche Ordnung sei der Tanz«, frohlockt er derweil. Mehr fällt ihm dazu nicht ein. Ihm geht es nur ums Spiel. Er muss es immer weiter treiben.

Hier, am Ende des ersten Aktes, wird endgültig klar, dass nur Don Giovanni die Handlung am Laufen halten kann. Er manipuliert und kontrolliert die anderen, indem er Gefühle in ihnen weckt, die sie sich eigentlich verboten haben. Er rüttelt sie wach aus der Eintönigkeit ihres Daseins entlang der engen Planken gesellschaftlicher Moralvorstellungen, denen er sich einfach widersetzt. Mit seinem antikonformistischen Charakter ist Don Giovanni das Bindeglied des Stückes. Genau deswegen sind wir auf seiner Seite. Darf ich so jemanden wie Don Giovanni bewundern, vielleicht sogar beneiden, weil er in der Lage ist, alte Ordnungen umzustürzen und sich die Freiheit nimmt, sich über Werte und Konventionen einfach hinwegzusetzen?

Ich habe oft darüber nachgedacht, ob Don Giovanni die Menschen wirklich belügt oder sich nur verschiedene Wahrheiten schafft, um seinen ausschweifenden Lebensstil fortzusetzen. Vielleicht glaubt er seine Liebesschwüre in dem Moment, in dem er sie ausspricht, wirklich. Ein wenig momentane Glaubwürdigkeit haben ihm Da Ponte und Mozart immerhin verliehen. Wenn er nicht ans Ziel kommt, ist er verzweifelt. Dann denkt er, dass der Teufel sich über ihn lustig macht und alle seine Pläne hintertreibt. Und doch: Er kann nicht anders, weil ihn nichts als das Prinzip der Begierde rotieren lässt. Ein Fluch – der Arme! Damit hätte ich mich auf die Seite der von ihm verlassenen Donna Elvira geschlagen, die einzige, die die charakterliche Substanzlosigkeit des Don Giovanni begreift, weil sie ihn ehrlich liebt. Genau diese Leere lässt sie verzweifeln: »Ihr Götter! In welche grauenvollen Taten ist der Unglückliche verstrickt! Den Zorn des Himmels werdet ihr nicht abwenden können!«

Was Mozart komponiert, ist niemals Zufall. Bedrückend, wie diese Oper grundsätzlich gleichbleibend in Dur gehalten ist, in einem konstanten Wechsel zwischen A- und D-Dur.

Sehr viel mehr Abwechslung gewährt der Komponist uns Interpreten nicht. Für mich ist das ein ernstes Problem dieser Oper. Es nimmt ihr die verschiedenen Farben und mir Ausdrucksmöglichkeiten. Harmoniewechsel erzeugen für uns Interpreten die wahre Spannung, die Bewegung von einem Punkt zum nächsten. Was aber soll ich tun, wenn ich eine Szene zu Ende dirigiere und zu Beginn der nächsten harmonisch noch immer auf der Stelle trete?

Dazu kommt noch die Wahl der Tonarten: Harmlos ist das A-Dur, es eignet sich für die Gesänge von Freude und Zeitvertreib. Auch D-Dur verspricht zunächst keinen besonderen Tiefgang, sondern vor allem Heiterkeit. Aber für mich nur vordergründig, wenn ich daran denke, dass diese Tonart etwa 100 Jahre später von Komponisten eingesetzt wurde, um vor allem Ängste hervorzurufen. Zu Mozarts Zeiten war es allerdings nicht so. Nur: Wieso legt er sich auf A- und D-Dur fest, wenn die Oper doch eigentlich ein Drama ist?

Ich denke, dass Mozart die frühe Festlegung in der Ouvertüre hier in der sparsamen Verwendung unterschiedlicher Dur-Tonarten wiederholt. Abwechslung gibt es nicht. Das

Schicksal nimmt seinen Lauf. Don Giovanni kann nicht anders, er ist, wie er ist, sonst würde er nicht leben. Die anderen Personen lassen sich von ihm betören, sie wehren sich nicht dagegen. Der serene Klang, der sich durch die Dur-Tonarten ergibt, mag zunächst einer Komödie und dem Beginn des Spiels noch angemessen sein. Doch mit steigender Dramatik ist er es nicht mehr. Die vorgetragene Heiterkeit gerät zum Zwang. Auf Dauer geht sie an die Substanz. Im Verlauf der Oper wirkt sie auf mich zunehmend beklemmend, eine Clownerie, hinter deren vordergründig starr lächelnder Maskerade sich der wahre Schrecken, das Verderben verbirgt.

ZERSTÖRUNG

Für Dantes *Inferno*, das Da Ponte im Kopf hatte, als er den Don-Juan-Stoff verdichtete, braucht es zwei Anläufe. Das Ende der Oper in ihrer ersten Fassung entspricht den ursprünglichen Vorstellungen des Poeten offenbar nicht, noch nicht. Für die Prager Uraufführung am 29. Oktober 1787 schrieben der Dichter und

Mozart nach Don Giovannis Höllenfahrt eine letzte Szene mit moralischem Schluss. Das entsprach seinerzeit den formalen Voraussetzungen eines »Dramma giocosa«. Kaum hatte es im Falle Don Giovanni den vermeintlichen Zerstörer erwischt, musste Moral gepredigt werden. Seine Widersacher kommentieren seinen Tod und geben über ihre Zukunftspläne Auskunft. Wir erfahren: Es ist nicht mehr viel, was sie zu erwarten haben. Die glühende Elvira wird sich ins Kloster verziehen, der Diener Leporello sucht sich einen anderen Herrn, nie mehr wird er so einen aufregenden finden. Don Ottavio macht seiner Anna einen Heiratsantrag, die aber erbittet sich ein Jahr Zeit, um den ganzen Irrsinn zu verdauen, wahrscheinlich liebt sie Don Giovanni immer noch. Die rechtschaffenen Bauern Zerlina und Masetto gehen heim. Doch nicht, bevor sie allesamt gemeinsam singend verkündet haben, was aus der Oper zu lernen ist: »Das ist das Ende desjenigen, der Böses tut.«

In Prag war die Oper ein durchschlagender Erfolg und wurde vielfach aufgeführt. Die Prager lieben Mozart, mehr noch, sie vergöttern ihn. Bei den Proben zum *Don Giovanni* war

Da Ponte nach eigenen Angaben über acht Tage lang für eventuell notwendige Änderungen des Textes zugegen. Die Uraufführung allerdings verpasste er, weil ihn – angeblich – der Kaiser zurück nach Wien beorderte. Schließlich hatte er mehrere Stücke am Laufen. Salieri brauchte ihn. Mozarts düstere Ouvertüre hat er vor der Wiener Uraufführung des *Don Giovanni* aller Voraussicht nach nie gehört.

Was Mozart und Da Ponte dazu veranlasste, nur ein halbes Jahr später die Oper für Wien noch einmal zu überarbeiten und neben ein paar der üblichen Einfügungen die biedere Moralszene zu streichen, ist nicht bekannt. In den Textbüchern, die dem Wiener Publikum zur Uraufführung verkauft wurden, ist der moralisierende Schluss jedenfalls gar nicht erst gedruckt. Wenn ich mir die Zusammenarbeit von Mozart und Da Ponte vorstelle, die Unterhaltungen über künstlerische und gesellschaftliche Fragen, denke ich, dass keiner der beiden ausgerechnet in der Kunst irgendwelchen Kompromissen oder Konventionen die Oberhand überlassen hätte. Das Ergebnis der Überarbeitung der ersten Fassung ist viel zu wirkmächtig, als dass die beiden Künstler den Schluss bloß aus rein pragmatischen Erwägungen neu geschrieben haben könnten. Ausgerechnet für das in Kunstdingen konservative Wien provozieren sie den formalen Regelbruch, den Mozart schon mit der Ouvertüre begangen hatte und den Don Giovanni permanent begeht. Das hätten sie eigentlich schon in Prag machen können, wo das Publikum offener war und Mozart weniger umstritten. Aber sie wagen es in Wien. Warum?

Die künstlerische Logik zwingt sie regelrecht dazu. Sie wollen erreichen, was Da Ponte bereits vorschwebte, bevor er sich an das Libretto machte, und was Mozart fühlte, als er die Ouvertüre schrieb. Die Oper sollte, nein sie musste im Inferno enden. Und genau das tut sie in der österreichischen Metropole auch, wenn die letzten Worte des Wiener Librettos lauten: »Das Feuer wird größer, als es Don Giovanni verschlingt. In diesem Moment erscheinen alle anderen, sie schreien und fliehen. Der Vorhang fällt.« Was für ein krachend moderner Schluss! Das Publikum heute kann dieses Ende wohl kaum überfordern, damals allerdings verhielt es sich anders. »Die Oper ist göttlich, vielleicht noch schöner als der Figaro. Aber sie ist keine Speise für die Zähne meiner Wiener«, kommentierte der Kaiser das Werk. Tatsächlich haben die Wiener lange gebraucht, um die Wucht der Oper zu schlucken. Der unzeitgemäß moderne Schluss hat seine Wirkung nicht verfehlt.

Für mich ist klar: Die Angst, die schon die Ouvertüre schürt, verträgt kein »Lieto fine«, keinen glücklichen Ausgang, kein moralisches Ende, das die Zuschauer beruhigt nach Hause gehen lässt, weil der unwiderstehliche Störenfried endlich vernichtet und die Welt wieder in Ordnung ist. So einfach ist das Leben nicht. Das Pendant zu Mozarts fast unverschämt moderner Ouvertüre, die den Antihelden von vornherein zum Tod verdammt, ist der brachiale Schluss. Mehr noch: Er ist die natürliche Konsequenz des Vorspiels. Seiner Wucht kann ich mich nicht entziehen. Und auch der zwingenden Logik dieser modernen Fassung nicht. Deshalb haben der Regisseur Andreas Kriegenburg und ich uns in Dresden für die Wiener Fassung entschieden. Für mich gehört nur diese Version auf die Bühne. Am Ende der Oper implodiert die gauklerhafte Welt des

Don Giovanni. Es sind die gleichen Akkorde wie zu Beginn der Ouvertüre, es ist das Motiv des steinernen Commendatore, dessen Statue in Flammen aufgeht und seinen Mörder mit in den Abgrund reißt. Das letzte, das uns die Musik über Don Giovanni zeigt, ist, dass er endgültig den Verstand verliert. Er ist verrückt geworden – seine ganz persönliche Höllenfahrt. Die anderen lässt er zurück, verzweifelt, denn auch ihre Welt fällt mit seinem Untergang in sich zusammen. Ihr Fixstern ist erloschen, die Schwerkraft, mit der Don Giovanni sie alle wie Monde an sich band, die ihn auf ihren Umlaufbahnen umkreisten, ist versiegt, sie driften auseinander, sie glühen nicht länger, weil kein Licht mehr auf sie fällt. Es gibt nichts mehr, was sie zusammenhält oder gar verbindet. Noch nicht einmal die süße Wonne erhoffter Rache. Don Giovanni ist verschwunden, bevor sie überhaupt begreifen konnten, wer er war. Danach ist nur noch Leere.

INTERMEZZO

Lorenzo Da Ponte hat schon mit Ende 30 alle Klassiker gelesen. Er ist unglaublich gebildet. Und noch immer verschlingt er Bücher auf der Suche nach guten Stoffen, die er verdichten kann. Natürlich kennt er das 7. Buch von Ovids *Metamorphosen*, den Mythos von Cephalos und Procris, in dem sich der Herrscher von Thorikos seiner Frau Procris als Fremder nähert, um ihre Treue auf die Probe zu stellen. Er hat das Epos des vor verzweifelter Liebe *Rasenden Roland* (Orlando furioso) von Ludovico Ariosto gelesen und die Komödien *Der Streit*, *Verführbarkeit auf beiden Seiten* und *Das Spiel von Liebe und Zufall* des französischen Frühaufklärers Pierre Charlet de Marivaux, alle drei verrückte Verwechslungsspiele zum Behufe der Prüfung von Liebe und Zuneigung.

Reichlich praktische Erfahrung mit der Treue des weiblichen Geschlechts hat Da Ponte allemal. Wie viele Ehefrauen er ihren Männern ausgespannt hat – in Venedig und jetzt in Wien – wird er selbst wohl kaum noch zählen können. Mit der Tugendhaftigkeit der Damen-welt kann es seiner Meinung nach also nicht allzu weit her sein. Sind die Liebesschwüre eines Freiers nur heiß genug, kehren die Damen ihren Gatten schnell den Rücken. Da muss nicht unbedingt nur er selbst, der sprachgewaltige Da Ponte, sprechen. So viel ist sicher.

Da Ponte hat seinen Spaß daran, aus diesen Zutaten einen neuen Stoff zu kochen, eine schräge Geschichte voll Witz und Übertreibung, in der die Treue zweier Schwestern zu ihren Verlobten schwer geprüft wird: die Schule der Liebenden, die später, wenn er mit Mozart zusammenarbeitet, den Haupttitel *Così fan tutte* bekommt, *So machen's alle* (Frauen) – »tutte« ist hier nämlich weiblich. Geschlechtsneutral müsste es »tutti« heißen. In diesem Libretto wird er mit den starren Regeln der italienischen Oper endgültig brechen. Für Mozart hatte er das so oder so schon zweimal getan und die Grenzen der strengen Trennung zwischen komischer und tragischer Oper, zwischen »Opera buffa« und »Opera seria« verschwimmen lassen. Außerdem wird er die strikte Unterteilung in Rezitative und Arien, in Sprechen und Singen, in Handlung und Reflexion darüber zunehmend aufgegeben. Aber für wen soll das, was er jetzt probiert, eigentlich sein?

Seine *Schule der Liebenden* dichtet Da Ponte nicht für Mozart, sondern zunächst für Salieri. Der hatte schon ein Werk mit ähnlichem Titel vertont: *La scuola de' gelosi – Die Schule der Eifersüchtigen.* Salieri versuchte sich sogar daran, den Text in Musik zu setzen, brach aber schon nach ein paar komponierten Takten die Arbeit an der Oper wieder ab. Bekam er den Stoff nicht richtig in den Griff? Oder fand er den Text zu billig, das Verwirrspiel zu unglaubwürdig, zu platt, wie später gemutmaßt wurde?

Nichts dergleichen. Vielmehr gerieten die beiden Italiener im Frühjahr 1789 heftig aneinander. Allerdings nicht wegen des Textes, sondern wegen zweier Sängerinnen. Da Ponte hatte bei einem Pasticcio Salieris Lieblingssängerin und Muse, die Sopranistin Caterina Cavalieri übergangen. Er selbst protegierte die stimmgewaltige Adriana Gabrieli, berühmt unter dem Beinamen »die Ferrarese«, mit der er natürlich – wie Salieri mit der Cavalieri auch – ein Liebesverhältnis unterhielt. Die heftige Zuneigung zu zwei unterschiedlichen

Sirenen war »die beklagenswerte Veranlassung, ein Freundschaftsband zu zerreißen, das für die ganze Lebensdauer gemacht zu sein schien«, wird der Dichter später desillusioniert resümieren. Salieri und Da Ponte sind sich fortan spinnefeind, was bald für Da Ponte zum Verhängnis werden sollte.

Einen zweiten Anlauf für *Die Schule der Liebenden* sollte Salieri nicht mehr nehmen – zum Glück von Mozart, der Ende der 80er-Jahre des 18. Jahrhunderts so knapp bei Kasse war, dass er einen neuen Auftrag dringend brauchte. Zwar ist das Libretto schon im Frühjahr frei, doch erst im Herbst 1789 bekommt Mozart den offiziellen Zuschlag des Kaisers. Am 26. Januar 1790 wird die Oper im Wiener Burgtheater aufgeführt – unter dem Titel *Così fan tutte*, ein Zitat des Grafen Almaviva aus der *Hochzeit des Figaro*, das er ausrief, als sich der hübsche Cherubino bei Susanna auf einem Sessel unter einer Decke versteckte. Daran, dass der Stoff ursprünglich für Salieri geschrieben wurde, sollte – nach Mozarts Meinung – möglichst wenig erinnern.

III.

COSÌ FAN TUTTE: LIEBE

PRÜFUNG

Wer assoziiert mit dem harmlosen Wörtchen »Treuetest« eigentlich klassische Musik? Wer denkt an die umfangreiche Literatur, die sich darüber seit der Antike angesammelt hat? Das tun wahrscheinlich nur eingefleischte Klassikfans und Literaturliebhaber, die sich in der Literaturgeschichte ziemlich gut auskennen. Die einschlägigen Suchmaschinen des Internets tun es allerdings nicht. Hunderttausende von Einträgen findet man zu »Treuetest«. Nach der Häufigkeit des Anklickens – das erkennt man sofort – müssen Seelennot, Eifersucht und Misstrauen der Menschen heutzutage riesig sein und sie augenscheinlich schwer belasten. Denn die Liste der Agenturen, die Treuetests anbieten, ist ziemlich lang. »Ist dein Partner treu?« Oder: »So testen wir Ihren Partner«. Manche werben sogar literarisch – mit Jean-Baptiste Molière zum Beispiel: »Die volle Wahrheit kann ein tapferes Herz ertragen, doch nicht die Zweifel, die an ihm nagen.«

Die Erprobung der Treue des Partners, an dem der Eifersüchtige so heftig zweifelt, funktioniert über einen Lockvogel, der den vermeintlich Treulosen verführen soll. Weil Untreue heutzutage – angenommenerweise – männlich ist, sind die meisten Lockvögel weiblich. Und natürlich attraktiv. Ein bisschen Versuchung muss ja sein. Sonst ließe sich Beständigkeit nicht ernsthaft testen. Es gibt aber auch Männer. Selbstredend versprechen die Anbieter Seriosität. Nichts würde bei dem Versuch passieren. Kein Sex, maximal ein Kuss, weiter würde so ein Lockvogel nicht gehen. Eine Berührung der Lippen reicht schon, um den Partner der Untreue zu überführen. Er wäre mit der Testperson schließlich auch ins Bett gestiegen. Treue – das ist bis heute ein ganz großer Stoff.

Wechseln wir das Suchwort und geben »Treueprobe« ein. Da sieht das Angebot der aufgelisteten Webseiten ziemlich anders aus. Ganz oben steht Wolfgang Amadeus Mozart mit *Così fan tutte*. Und schon sind wir mitten im Stoff. Danach wieder Mozart, Mozart und noch mal Mozart. Immer die gleiche Oper – »Così« wie wir Musiker sie nennen, »die Così«. Das »fan tutte« lassen die meisten von uns gemeinhin weg, wenn sie über die Oper sprechen, dabei ist gerade das nicht unbedeutend. In der

Mozart-Oper geht es nämlich auf den ersten Blick um die Treue liebender Frauen, die einer Probe unterzogen werden soll.

Dass hier – vordergründig – ausgerechnet die Charakterfestigkeit des weiblichen Geschlechts zur Diskussion steht, ist dem damaligen herrschenden Gesellschaftsbild geschuldet. Von den Frauen erwartete man Fürsorge, Aufopferung, Hingabe, Zärtlichkeit und damit Treue. Natürlich, auch Männer konnten leidenschaftlich lieben. Doch galten sie als charakterlich gefestigter. Die typisch weiblichen Eigenschaften dagegen machten, so die Annahme, Frauen für Verführungen sehr viel empfänglicher. Zum Verdruss der Männer, die in Liebesdingen ihrerseits alles andere als beständig waren. Nur wurde Beständigkeit von ihnen viel weniger erwartet. Sie war einfach kein Thema.

Heute sieht das ein bisschen anders aus. Untreue wird vor allem in Bezug auf die Männer gesellschaftlich thematisiert. Allerdings wieder nicht mangels Charakterfestigkeit. Vielmehr sind es die Triebe, die so manch einer Beziehung den Garaus machen. Oder sie zumindest auf eine harte Probe stellen. Im realen Leben der Eifersüchtigen, der Misstrauischen und der Zweifler würde ein zeitgenössischer Dichter das grandiose Spiel, das Mozart und Da Ponte in *Così fan tutte* treiben, wahrscheinlich andersherum inszenieren müssen: Nicht die Frauen, die Männer müsste man auf die Probe stellen. Das jedenfalls legt meine kleine Netzrecherche nahe. Offenlassen will ich an dieser Stelle, welche Definition einem modernen Treuebegriff eigentlich zugrundeliegen müsste. Treue ist immer noch archaisch kodiert. Die Frau gehört dem Mann, der Mann der Frau, dazwischen gehört nichts anderes, bis dass der Tod sie scheidet. Zu dem Begriff der Treue äußern sich wohl wissentlich auch Mozart und Da Ponte nicht.

So viel vorweg: Der Stoff der *Così fan tutte* ist unglaublich modern und aktuell. Schließlich muss es einen Grund geben, warum die Oper, die im 19. Jahrhundert als unwürdig, impertinent und töricht angesehen wurde und im Off verschwand, seit ihrer Wiederentdeckung durch Richard Strauss und Gustav Mahler um die Jahrhundertwende heute öfter auf dem Spielplan steht denn je. Aber nicht nur der Stoff ist modern, die ganze Oper ist es schon von ihrer Anlage her. Warum?

Keine Mythen, keine Zauberei. Keine römischen Kaiser oder kretischen Könige. Kein Schloss, kein liebestoller Graf, kein Hofstaat, keine unterschiedlichen Gesellschaftsschichten, die unverrückbar angeordnet sind. Keine Altlasten aus der Vergangenheit, kein Blick in die Zukunft, nichts also, was das Publikum auf Abstand zu den Bühnenfiguren halten könnte. So viel Nähe zu den Protagonisten einer Oper hat es noch nie zuvor gegeben. Es ist leichter aufzuzählen, was es in *Così fan tutte* alles nicht gibt, als was es gibt. Die Oper spielt im Hier und Jetzt, in dem gerade einmal sechs Akteure das Geschehen auf der Bühne bestreiten: zwei junge Schwestern und deren Verlobte, ihr älterer Freund Don Alfonso, der sich selbst hochtrabend als Philosoph bezeichnet, und eine höchst eigensinnige Zofe. Viel erfährt man nicht über die handelnden Personen. Nur wird man schnell merken, dass alle gleichermaßen wichtig sind. Es gibt keine Haupt- und Nebenfiguren, genausowenig wie hier Klassenunterschiede eine Rolle spielen. Sechs Teilnehmer – mehr ist da nicht. Und sie alle lassen die Zuschauer ziemlich nah an sich heran. Die Charaktere haben keine Vergangenheit, keine

Geschichten, die auf ihren Schultern lasten. Sie sind einfach da, in irgendeiner Villa im warmen Neapel, wo die Erde unter der Stadt immerzu bebt und zittert.

Schon hier in diesem Setting wird es interessant: Die Charaktere stehen nicht gerade auf sicherem Grund. Der Vesuv kann jederzeit Feuer spucken. Vorher wird die Erde zucken. Nichts ist wirklich stabil. Schon gar nicht die zwischenmenschlichen Beziehungen. Alles, an das sich die Akteure klammern, wird ihnen bald zerrinnen. Das werden wir noch sehen. Beständig ist nur das Rumoren des Vulkans.

Die Handlung ist nicht besonders komplex und weithin bekannt. Don Alfonso ist die Überheblichkeit, mit der seine jungen Freunde Guglielmo und Ferrando die Treue ihrer Verlobten preisen, mehr als verdächtig. Um zu beweisen, dass auch ihre Frauen – wie alle – ihrem Wesen nach untreu sind, schlägt er den liebensblinden jungen Männern eine Wette vor. Sie sollen einen ganzen Tag nach seinen, Don Alfonsos, Anweisungen handeln und die Treue ihrer Geliebten auf die Probe stellen. Sein Plan ist nicht minder simpel als die Oper insgesamt. Die beiden Männer täuschen vor, zur Armee und mit ihr in den Krieg ziehen zu müssen. Als Albaner verkleidet tauchen sie anschließend in der Neapolitaner Villa der beiden Schwestern Fiordiligi und Dorabella wieder auf, um ihnen überkreuz den Hof zu machen. Es kommt, wie es kommen muss. Die Damen fallen den gewieften Verführungsmanövern zum Opfer, werfen ihre festgefassten Vorsätze lebenslanger Treue über Bord und geben sich dem verkleideten Verlobten der jeweils anderen hin. Unangenehm wird es erst am Ende, wenn Don Alfonso den Schleier lüftet und plötzlich alle ein miserables Gewissen plagt: die Schwestern und auch ihre Verlobten. Denn sie alle haben das Spiel mit einer gewissen Lust gespielt, die Damen nichtsahnend, die Männer allerdings wissentlich. Nur die Arrangeure sind fein raus: Don Alfonso und die halb eingewiesene Despina, der Philosoph und die Kammerzofe, obwohl eigentlich diese beiden Gewissensbisse plagen sollten.

Die ganze Oper ist als Versuchsanordnung angelegt, als ziemlich waghalsiges Experiment im Labor menschlicher Empfindungen. Dass Versuche allerdings nicht immer das hervorbringen, was man vorher in Erwägung zieht, wissen die Physiker, die reichlich blauäugigen jungen Männer in der Oper, allerdings noch nicht. Sonst hätten sie sich wohl kaum darauf eingelassen. Sie haben gedacht, dass dieses Experiment nur die beiden Schwestern einer Probe unterzieht und eine 0/1-Wahrscheinlichkeit besteht, dass ihre Verlobten entweder treu oder untreu sind. Doch fördert das Experiment noch anderes zutage, ein Nebenergebnis sozusagen, wenn überraschenderweise auch die Gefühlswelt der beiden Männer zum Thema wird. Deren Verführungsbemühungen lassen sie selbst nämlich nicht unberührt. Sie wirbeln sie im Innersten kräftig durcheinander, wenn sie ganz plötzlich ein gewisses Begehren für ihr vertauschtes Gegenüber in sich spüren. Das Experiment läuft schon bald nicht mehr in geordneten Bahnen ab. Zur Probe steht im Eifer des Gefechts auch die Treue der jungen Männer. Für die geht es am Ende sogar schlechter aus als für Dorabella und Fiordiligi. Ferrando und Guglielmo müssen nämlich zwei Wahrheiten ertragen, an die sie vorher gar nicht gedacht haben. Ihre heißverehrten Verlobten sind erstens verführbar, und sie selbst sind es zweitens auch.

Wenn Mozart und sein Dichter mit dieser Anordnung hier ein Theater im Theater inszenieren, wollen sie, dass jeder von uns schlauer wird – unabhängig vom Geschlecht. Wir lernen: Mit der Treue ist das so eine Sache, die Liebe ist eben relativ. Sie kommt und geht. Sie passiert, wird flüchtig und entpuppt sich für die, die so sehnsüchtig daran glauben, mitunter als große, nicht unbedingt a priori intendierte Täuschung.

ILLUSIONEN

Reden wir noch einmal über die Modernität der Oper. Den Stoff kennen wir jetzt. Aber die Musik noch nicht. In dieser letzten der drei Da-Ponte-Opern bricht sich etwas wirklich Neues Bahn: ein ganz anderes Konzept der Harmonien, die hier nicht den Worten dienen, sondern den ganzen Text beherrschen. Nie ist ein Komponist vorher so verfahren und hat es gewagt, allein durch den Einsatz verschiedener Tonarten eine Geschichte zu erzählen. So wie jetzt, zwei Jahre vor seinem Tod, hat Mozart noch nie komponiert. Und er wird es auch nicht mehr. Dass er die Möglichkeit dazu hat, liegt am Stoff, der den Komponisten befreit, weil es hier nicht mehr um Konventionen einer traditionellen Gesellschaftsordnung geht. Inwieweit Mozart dies genauso in seiner Zusammenarbeit mit Da Ponte eingefordert hat, ist nicht bekannt. Doch eingegriffen hat er, und das ursprünglich für Salieri gedichtete Libretto gemeinsam mit dem Hofpoeten stark verändert.

Die Oper beginnt in C-Dur und damit auf der Basis des tonalen Systems. Mit C-Dur fängt alles an. Joseph Haydn hat seine »Schöpfung« in C-Dur komponiert. Das hat einen Grund: Die Atmosphäre, die durch C-Dur entsteht, ist strahlend, klar, vollkommen ungetrübt, so offen und unbelastet wie das geschwungene Alpha des griechischen Alphabets. So unbeschwert soll nach Mozart auch die Stimmung zu Beginn der Oper sein. Aber er wird nicht allzu lange in dieser Tonart verweilen. Er wird sie wechseln und sein harmonisches Spiel beginnen. Denn mit dem Einsatz verschiedener Tonarten erschafft er immer wieder neue Atmosphären. Mitunter liegen Welten dazwischen. Man kann das mit unterschiedlichen Aromen vergleichen, die jeder Landesküche eigen sind – italienisch, französisch, chinesisch, indisch. Oder mit der farblichen Grundierung von Gemälden, die für die Wirkung eines Bildes entscheidend ist. Menschen mit absolutem Gehör wissen sofort, wovon ich spreche. Die, die darüber nicht verfügen, was wiederum die meisten sind, werden der Wirkungsmacht unterschiedlicher Tonarten dann gewahr, wenn Mozart die Tonart ändert und damit einen Stimmungswechsel induziert. Der Wechsel von C-Dur zu A-Dur zum Beispiel wird die Hörer in eine andere Welt katapultieren, in eine, die nicht so allumfassend klingt, leichter vielleicht, gleichwohl heiter, ein bisschen nach unschuldiger Liebe und Zuversicht – so wie in der zweiten Szene beim ersten Auftritt der anfänglich noch unbeschwerten Schwestern.

C-Dur also ist die Tonart, in der die Welt noch in Ordnung ist. In *Così fan tutte* aber hält diese Ordnung nicht sehr lange. Denn schon in der ersten Szene, in der die beiden Männer ihrem ältlichen Freund Don Alfonso gegenüber von der Treue ihrer Verlobten schwärmen, ändert sich der Klang. Mozart wechselt

in G-Dur, fünf Noten höher auf die sogenann-
te Dominante des C. Wir könnten die Dominante als Frage bezeichnen, als das Intervall,
welches die Ordnung der Grundtonart C-Dur
bezweifelt und dringend nach einer Antwort
ruft. Tatsächlich bringt Don Alfonso Unsicher-
heit ins Leben der jungen Männer, weil er ihren Lobgesängen über die Beständigkeit ihrer
Freundinnen keinen Glauben schenkt. Er zieht
sie in Zweifel: So einfach wie im C-Dur kann
die Welt dauerhaft nicht sein.

Nach einem verbalen Schlagabtausch legt
er den beiden Verliebten eine Wette nahe. Jetzt
singt er in E-Dur und hat sich damit schon
weit von der Grundordnung des C und G ent-
fernt. Mit der Wahl dieser Tonart greift Mozart
dem Verlauf der Oper bereits voraus. Später
wird Fiordiligi überwiegend in E-Dur singen.
Mozart wird diese Tonart damit der weiblichen
Sphäre zuordnen, weil sie so nah an A-Dur
liegt, die der Sicht der beiden Schwestern auf
das Leben vorbehalten ist. Wenn Don Alfonso
ausgerechnet in E-Dur singt, weiß er offenbar,
wie anders Frauen denken und empfinden. Er
ist schon älter und hat wahrscheinlich selbst
vor vielen Jahren lernen müssen, dass es noch

eine andere Wirklichkeit als die blindverliebter Männer gibt.

Der Übergang von einer Tonart in die nächste vollzieht sich in den Rezitativen. Deshalb sind sie so wichtig. Die Harmonien, die ich dazu auf dem Hammerklavier spiele, bringen uns von einer Welt in die nächste. Sie erzeugen den Stimmungswandel und damit die Spannung – aber nicht an beliebiger Stelle. Nichts würde Mozart dem Zufall überlassen. Er wechselt die Tonart genau dann, wenn Don Alfonso gegenüber den beiden verdutzten Männern zum Ausdruck bringt, dass er gerne wüsste, für wen das Herz der Frauen wirklich schlägt.

Die Szene endet mit einem Terzett der drei Männer, das für den Moment eines Taktes in G-Dur beginnt und in C-Dur mündet. Wieder steht hier eine kleine Geschichte dahinter: Nach ein paar angebrachten Zweifeln ist die Sache für Guglielmo und Ferrando ziemlich schnell erledigt und die Welt wieder in Ordnung. So gehen die Herren auseinander.

Wie anders aber sieht der Mikrokosmos der beiden Schwestern aus, die in der nächsten Szene ihren ersten Auftritt haben. Sie singen in

A-Dur, eine Tonart, die Fiordiligis E-Dur an-
verwandt ist. A-Dur ist in dieser Oper der Welt
der Frauen zugeordnet. E ist die Dominante
von A; als Don Alfonso kurz zuvor gegenüber
den beiden Männern über deren Frauen in
E-Dur und damit auf der zweifelhaften Dominante sang, hatte er bereits angedeutet, dass
die Sache mit den Beziehungen nicht ganz so
sicher sein könnte, wie sie jetzt wieder von
weiblicher Seite besungen wird. Ist ihre Liebe
zu den Verlobten womöglich nicht so tief? Für
die Ohren von damals war der Wechsel von
der Grundtonart C-Dur nach A-Dur, also von
der Welt der Männer in die Sphäre der Frauen,
ungewohnt modern. Das Publikum wird ver-
dutzt gewesen sein, sich plötzlich in einer ganz
anderen Klangsphäre wiederzufinden. Doch
lässt Mozart seine Zuhörer nicht lange unge-
stört in der Damenwelt verweilen.

Schon bald schleicht sich auch hier Don
Alfonso ein, um deren Idylle zu zerstören. In
melodramatischem F-Moll bringt er den Damen bei, dass fortan nichts mehr sein wird,
wie es war. Ihre Verlobten ziehen in den Krieg.
F-Moll hat mit den vorangegangenen Klängen
rein gar nichts mehr zu tun. Das heißt: Für

Dorabella und Fiordiligi ist die Nachricht ein Schock, der ihre Realität schlagartig verändert. Sie wissen ja nicht, dass hiermit lediglich ein Spiel beginnt. Moll ist die Farbe des Versuchs, des Spiels, das Don Alfonso inszeniert. Das wird für den Rest der Oper auch so bleiben. Mozart hat viel herzzerreißendes Drama in diese Szene komponiert. Als Komödie will er das, was jetzt beginnt, jedenfalls nicht verstanden wissen. Aus gutem Grund: Für alle wird der Versuch des Don Alfonso auch bittere Erfahrungen bringen. Ein anderer Komponist hätte den Beginn des Spiels vielleicht weniger dramatisch, sondern eher komödiantisch in Musik gesetzt. F-Moll hätte er dann sicher nicht gewählt.

Zum Abschied wird Quintett gesungen. Und wieder ist es die Tonart, die hier für die Atmosphäre sorgt. Mozart hat die Musik hierfür in F-Dur geschrieben. Don Alfonso hat sein Spiel in F-Moll begonnen, als er den Schwestern die Botschaft überbringt. Für die Frauen wird aus dem Spiel jetzt Ernst. Das ist der Übergang von Moll zu Dur. Kaum sind die Männer verschwunden und nur noch die Schwestern mit Don Alfonso auf der Bühne, wird selbstredend zu E-Dur gewechselt, der Welt der Fiordiligi. E-Dur ist aber auch die Tonart, in der der Spielemacher Don Alfonso über die Frauen redet. Denen setzt der neue Stand der Dinge unterschiedlich zu. Fiordiligi wird weiter in E-Dur singen, der Dorabella aber ordnet Mozart fortan das Es-Dur zu, das einen Halbton tiefer liegt. Sie tut sich mit den veränderten Umständen scheinbar schwerer als ihre Schwester. Vielleicht macht sie auch nur mehr Aufhebens um ihren Gefühlsumschwung. Sie ziert sich – als wahre Drama-Queen.

Alles in dieser Oper bewegt sich in Kreisen, so auch der Verlauf der Harmonien. Der Moment, in dem die Damen erstmals auf ihre »neuen«, als bärtige Albaner verkleideten Männer treffen, ist wieder in C-Dur angelegt. Das war die Tonart ganz zu Beginn, als die Welt der Vier noch in Ordnung war. So ist das im Monopoly der Liebe – Zurück auf Los: Die neue Realität der Damen ist fortan der Ausgangspunkt für all das, was jetzt folgt. Es ist die neue Wirklichkeit. Die zwei vermeintlichen Albaner gleiten allerdings bei dieser ersten Begegnung ins C-Moll. Artig spielen sie das Spiel, das Don Alfonso ihnen verordnet hat, gleichwohl mit einem Hauch von Bitterkeit, die allerdings irgendwann der Wonne weichen wird.

Allein die Tonarten, die hier gewählt sind, erzählen die Geschichte aus Mozarts Sicht. Sie geben den Worten, die Da Ponte schrieb, die Richtung. Das ist für eine Oper des 18. Jahrhunderts revolutionär. Denn ein so bewusster Einsatz verschiedener Tonalitäten hat sich in der Operngeschichte erst sehr viel später entwickelt. Zu Mozarts Zeit spielte die Tonart eher eine untergeordnete Rolle und wurde vielfach den Stimmlagen und -eigenschaften der Sänger angepasst. Eigenständiger Bestandteil des musikalischen Materials war sie nicht. In *Così fan tutte* dagegen, dieser Oper, in der so oder so alles neu und anders ist, dominieren die Tonarten den Text.

Allein durch den bewussten Einsatz der Tonarten vollzieht Mozart hier eine Abkehr von den Regeln, die das Opernhandwerk bis dahin geprägt hatten. Fast bis zum Ende des 18. Jahrhunderts wurde dem Text mehr Bedeutung beigemessen als der Musik. Die Librettisten waren hoch angesehene Dichter, die Komponisten traten dahinter zurück. Noch

Die Zauberflöte war seinerzeit nicht Mozarts, sondern des Librettisten Emanuel Schikaneders Werk. Nahezu unlesbar findet sich unten auf den Plakaten ihrer Ankündigung der Hinweis auf den Komponisten. Oft genug wurden Texte sogar mehrfach vertont. Sie wurden gedruckt, die Noten nicht. Die Musik hatte sich an das Wort zu halten. Mozart aber sah das ziemlich anders. Schon 1781 hatte er in einem seiner Briefe an seinen Vater seine Meinung dargelegt: »bey einer opera muß schlechterdings die Poesie der Musick gehorsame Tochter seyn.« Er wusste auch warum: Nicht der Text, die Musik betört die Menschen. Nicht der Text selbst, sondern die Musik sagt ihnen, wie die Worte verstanden werden sollen. So suchte er stets nach Texten, die auf seine theatralischen und musikalischen Bedürfnisse zugeschnitten waren. Waren sie es nicht, griff er ein. Erst mit Beginn der Romantik vollzog sich eine Aufwertung der Musik gegenüber dem Text, des Komponisten im Vergleich zum Librettisten. Und auch erst dann setzten diese die Tonarten so bewusst ein, wie es Mozart schon bei *Così fan tutte* tat.

Es ließe sich die gesamte Oper nach diesem Muster interpretieren. Jede einzelne Szene könnte ich von den Harmonien her auseinandernehmen. Und immer wieder würde man eine weitere Geschichte hören. Atemberaubend virtuos jongliert Mozart mit den Klangfarben. Bei jedem Tonartwechsel kann es einem die Sprache verschlagen, sofern man sich dessen nur bewusst wird. Doch Mozart geht noch weiter. Immer wieder lässt er die Musik changieren und schillern, mit der Veränderung eines einzigen Halbtons wechselt er die Welten: von Dur nach Moll und umgekehrt. Von der Wirklichkeit ins Spiel und wieder zurück. Manchmal so schnell, dass man gar nicht mehr weiß, ob das Spiel nicht echt und die Wirklichkeit nicht Spiel ist. Die Technik dahinter ist das, was wir Musiker als »Alteration« bezeichnen. Wer den Anfang von Richard Strauss' *Also sprach Zarathustra* oder den Soundtrack von Stanley Kubricks *2001 – A Space Odyssee* im Ohr hat, kann sich vorstellen, welche Wirkungsmacht diese minimale Veränderung birgt. In *Così fan tutte* ist Dur die Farbe der Realität, Moll der Klang des Spiels. Wirklichkeit und Spiel liegen eng beieinander. Es braucht nur einen Halbton, um von der einen in die andere Realität zu gelangen. Der Grat, auf dem die Menschen wandern, ist schmal. Und je nachdem, auf welcher Seite sie ins Tal blicken, kann die Wirklichkeit eine ziemlich andere sein.

Spannend ist Mozarts Prognose der neuen Paarungen, wenn sich in der Welt des Spiels Dorabella auf Guglielmo und Fiordiligi auf Ferrando einlässt. Auch hier erlangen die Tonarten Bedeutung. Da echte Individuen auf der Bühne singen und sprechen, müssen ihre Emotionen unterschiedlich ausfallen. Fiordiligi und Ferrando gäben nach Mozarts Empfinden kein allzu schlechtes Paar ab. Ihr erstes Duett in dieser neuen Kombination – wir befinden uns im Spiel – singen sie in A-Dur, die Tonart der Welt der Weiblichkeit, auf die sich Ferrando nicht erst jetzt, sondern früher bereits einmal eingelassen hat. Schon seine berühmte Arie »Un' aura amorosa« hat er in A-Dur gesungen. Mozart gibt den beiden damit die besseren Chancen als Dorabella und Guglielmo, die ihr Duett in F-Dur singen, das Pendant zu der Tonart F-Moll, in der Don Alfonso das ganze Geschehen manipuliert. So oder so hatte sich

Dorabella deutlich stärker geziert, sich auf eine neue Liebe einzulassen. Dass sie es am Ende doch tut, ist eine andere Sache.

Welche Paarkombination aber hat die besseren Chancen – die alte oder die neue, die vor oder jene nach dem Tausch, die in der Anfangswirklichkeit oder im Spiel? Nach den Stimmlagen der Sänger, die für die Rollen vorgesehen sind, würde der Mezzosopran Dorabella besser zum Bariton Guglielmo statt wie ursprünglich zum Tenor Ferrando passen, der eigentlich das perfekte Match zur Sopranistin Fiordiligi wäre. In der Ausgangslage sind die Stimmen aber genau anders angeordnet: Mezzosopran und Tenor sowie Sopran und Bariton bilden jeweils ein Paar. Es ist schon bitter, dass ausgerechnet das Spiel die passendere Paarung hervorbringt. Haben die vier ganz zu Anfang vielleicht keine gute Wahl getroffen? Oder muss es so sein, damit das Spiel nicht nur für die Frauen, sondern auch für die Männer am Ende ernst werden kann?

Muss man das alles wissen, um diese Oper zu verstehen? Ich als Dirigent will es wissen, das Publikum braucht das nicht unbedingt. Jeder kann diese Oper auch ohne musikalische

Grundkenntnisse genießen und begreifen. Aber wenn Sie sich mitunter fragen, warum Mozarts Musik so berührend ist, so mitreißend, warum sie so bedrückend werden kann, wenn Sie irgendwann verstehen wollen, warum man bestimmte Stellen immer wieder hören muss, weil man ihrer Anziehungskraft nicht widerstehen kann, dann kann das Nachdenken über die Harmonien einen Teil der Frage beantworten, die auch ich mir immer stelle: Wie erschafft Mozart diese Stimmungen?

Die Analyse der Werke beginnt für mich meistens mit dem Betrachten der Harmonien. Aber das ist eigentlich nur der Anfang. Es gibt noch so viel mehr: das Tempo, den Rhythmus, die Artikulation, nicht zu vergessen die musikalischen Motive und Themen, die sich wiederholen oder auch nicht, sich ergänzen oder konterkarieren. Schicht für Schicht könnte ich freilegen. Gleichwohl will ich es hier bei den Tonarten belassen. Denn schon daran, wie Mozart die Tonarten einsetzt, wird überdeutlich, was der Musik ihren Zauber gibt: die Stimmungen und vor allem die Stimmungswechsel, die er dadurch initiiert. So wie er es in dieser Oper auf die Spitze treibt, hat mich das vollkommen verblüfft. Diese Raffinesse hatte ich nicht erwartet. Der Einsatz der Harmonien kann einfach kein Zufall sein. Mozart wusste, was er tat. Und wieder stellt sich mir die gleiche Frage: Hat er das alles minutiös geplant, so wie die, die nach ihm kamen? Wagner zum Beispiel oder Strauss. Wir wissen es nicht genau. Wieder glaube ich, bei ihm wird die Intuition die Oberhand behalten haben, seine Genialität.

Da Ponte ist mit gut 40 Jahren viel zu belesen und vor allem zu lebenserfahren, als dass er seine Protagonisten in ihren Handlungen bewerten würde. Sie sind einfach da. Sie agieren und reagieren, wie Menschen es tun. Mozart hält es damit ähnlich. Statt über die einzelnen Charaktere zu urteilen, verleiht er den Menschen auf der Bühne durch seine Musik ihre Individualität. Keiner ist hier ein Stereotyp, keiner Abziehbild für althergebrachte Rollenvorstellungen. Auch er teilt nicht in Gut und Böse ein. Die Musik lässt die Menschen, die da auf der Bühne immer um das gleiche Thema kreisen und nicht wirklich vom Fleck kommen, einfach in Ruhe, zwängt sie nicht ein. Der Oper fehlt jegliche moralische Aussage, die die Voraussetzung dafür wäre, dass Mozart und Da Ponte zu ihren Protagonisten Stellung beziehen. Sie tun es aber nicht, was zur Modernität dieser Oper beiträgt. Stattdessen haben die Künstler Menschen erschaffen, die gar nicht anders können, als Mensch zu sein. Und zwar so menschlich, dass keiner, der Musik und Handlung verfolgt, umhinkommt, darüber nachzudenken, wie es eigentlich in seinem Inneren bestellt ist – wie er es mit der Liebe hält, die er empfindet, gibt und nimmt.

HOFFNUNG

Die Versuchung ist groß, diese Oper noch einmal zurück in ihre Zeit zu tragen und vor dem Hintergrund der Aufklärung, des aufkommenden Naturalismus und eines veränderten bürgerlichen Selbstverständnisses als das zu lesen, was sie auch ist: ein Kommentar von Mozart und Da Ponte zu den gesellschaftlichen Entwicklungen ihrer Zeit. Das wäre sicher die seriösere Analyse, als einen Text über *Così fan tutte* mit der Beschreibung der Erfahrungen einer Googlesuche zu beginnen. Da Ponte hatte den Text schließlich im Vorfeld der Französischen Revolution geschrieben. Kaum dass die Bastille gestürmt war, hat Mozart dann mit seiner Arbeit daran begonnen. Aber das ist von vornherein gar nicht mein Anliegen gewesen. Außerdem ist dieses Feld schon umfassend bestellt.

Mich bewegen zum Schluss zwei ganz andere Fragen.

Hier ist die erste: Was ist das jetzt für eine Oper – komisch oder tragisch oder tragischkomisch? Mozart und Da Ponte haben das Stück als »Dramma giocoso« angelegt und laborieren damit auf dem schmalen Grat zwischen lustiger und ernster Darstellung des Sujets. Wir Interpreten und Zuhörer haben also die Wahl. Ich bin geneigt, das Leben von der leichteren Seite zu nehmen, auch wenn das Werk für mich keine rein komische Oper ist. Nicht etwa, weil Mozart den Stoff nicht ernst gemeint haben könnte und nur mit den Gefühlen der Figuren spielt. Das hat er beileibe nicht getan. Schon die Anordnung der Harmonien ist ein eindeutiger Beweis des Gegenteils. Beiden, Dichter und Komponist, ist es mit dem, was sie zeigen wollen, ziemlich ernst.

Trotzdem handelt es sich bei der Oper um ein Spiel im Theater, eine künstlich angelegte Anordnung zum Zwecke der Demonstration menschlicher Verhaltensweisen, die erhebliche Schwächen zutage fördert und die Bewertung des Ganzen dem Publikum überlässt. Erst ganz zum Schluss findet sich ein Hinweis darauf, wie mit den – zugegebenermaßen ernüchternden – Versuchsergebnissen umzugehen ist: mit Humor und Gelassenheit. So lassen sich die menschlichen Unzulänglichkeiten am leichtesten ertragen. Das ist meiner Meinung nach die einzige Stelle, in der Mozart und Da Ponte in dieser Oper, in der sie sich jedes Urteils enthalten, Position beziehen. Wer schon an der richtigen Liebe scheitert, sollte daran dann wenigstens nicht ganz verzweifeln. Deshalb lassen sie zum Schluss ihre sechs Protagonisten im Tutti singen: »Glücklich, wer jede Sache von der guten Seite her nimmt. [...] Was andere zum Weinen bringt, ist für ihn ein Grund zum Lachen.« So und nicht anders kann man nach Mozart und Da Ponte überhaupt erst seelisch zur Ruhe kommen. Das ist ihr finales Postulat. Sie werden selbst ziemlich genau gewusst haben, wovon sie sprachen.

Jetzt die zweite Frage: Wie verhält es sich nun mit der wahren Liebe? Nach Mozart und Da Ponte ist sie in dem Anspruch, den das Wort »wahr« suggeriert, nicht mehr als eine fixe Idee. Es gibt die Liebe in Reinform nicht. Oder anders herum: Liebe ist im Moment ihres Empfindens immer wahr. Nur ist sie dazu auch instabil wie Treibsand, der sich zur Düne aufbaut und nach den Launen des Windes wieder verweht. Empfindungen verändern sich und damit auch die Liebe. Sie ist ein Phänomen. Wie sie entsteht, warum und wann, wie sie versiegt – wer weiß das schon? Wollte man dem, der erst die Eine, dann die Andere liebt, allen Ernstes vorwerfen, seine Liebe sei in beiden Fällen nicht echt gewesen?

In den Jahren, während derer mich diese Oper jetzt beschäftigt, hat sich mein Unbehagen über ihren Schluss lange nicht gelegt. Er erschien mir ein bisschen zu naiv, zu schnell, zu simpel. Noch immer zucke ich in dem Moment zusammen, in dem Don Alfonso allen die Wahrheit eröffnet und die ursprünglichen Paare auffordert, sich zu umarmen und zu schweigen. Kann man einfach so zum alten Zustand, also zur Tagesordnung zurückkehren? Vielleicht ist das die Lehre, und die Oper deshalb so modern, weil sie uns ein modernes Konzept der Partnerschaft nahelegt: Wenn man nach Abwegen zu seinem Lebenspartner zurückkehrt, kann man noch immer glücklich sein.

Fiordiligi wird Gugliemo, Dorabella wird Ferrando heiraten, soviel ist sicher. Aber was sollen das für Ehen werden? Sie könnten nach so einer Belastungsprobe auch scheitern. Oder irgendwann zumindest die nächste Runde an Erschütterungen durchleben. In Neapel bebt der Boden immer noch. Es könnte dort kriseln und gestritten werden. Dabei kann jeder mal Gehörnter, mal Betrüger sein. Sie könnten sich noch ein weiteres Mal irgendwie zusammen-raufen, wenn Seitensprünge so menschlich und damit verzeihlich sind. Wir wissen es nicht genau, weil das Stück keinen Bezug zur Zukunft hat. Der ist in dieser Versuchsanord-nung nicht vorgesehen. Man kann nur für sich selbst darüber nachdenken und zu dem Schluss gelangen: Die wahre, die absolute Liebe gibt es nicht. Sie ist nichts weiter als eine herrliche Luftspiegelung, die verschwindet, so-bald man sich ihr nähert. Wer das akzeptiert,

kann eigentlich ganz gut mit seinen Unzulänglichkeiten leben. Die Oper endet jedenfalls in
C-Dur, dem Urzustand. Genauso hat sie ange-
fangen. Alles bewegt sich in Zirkeln, kommt
immer wieder zu einem Punkt zurück. So wie
die Liebe eben und die Untreue und dann wieder die Liebe.

EPILOG

Es herrscht Krieg. Doch die Geschäfte des Johann Evangelist Milani laufen Dank der Vergnügungsversessenheit der Wiener immer noch blendend. Seit anderthalb Jahren betreibt er im Sommer auf der Burgbastei sogar ein Limonadenzelt. »Ochsenmühle« wird es genannt, weil es oft so überfüllt ist, dass die vielen Besucher sich mit ihren Limonaden immerzu im Kreis um das Zelt herumbewegen müssen. Das stört sie nicht. Zum Milani rennen sie nach wie vor alle.

Mozart und Da Ponte aber gehen seit jeher lieber in sein Café am Kohlmarkt. Im Laufen diskutiert es sich nicht so gut. Die zehn Aufführungen der *Così fan tutte* liegen schon länger hinter ihnen. Prächtig amüsiert haben sich die Wiener an dem Theater im Theater, den ganzen Sommer über. Aber jetzt, ein gutes halbes Jahr später, wird Mozart und Da Ponte bewusst, wie anders alles ist. Ihren wichtigsten Förderer, Kaiser Joseph II., haben sie bereits am 20. Februar 1790 verloren. Länger schon litt er an Tuberkulose und war vor seinem Tod nicht mehr der Alte. Sein Nachfolger ist sein Bruder Leopold II. – nicht unbedingt ein großer Freund der Künste. Konservativ allemal. Außerdem hat er weiß Gott andere Sorgen. Es zeichnet sich jetzt schon ab, dass er die Mittel für die Oper zusammenstreichen wird. Wohl dem, der von Joseph II. noch Aufträge bekommen hat.

Nicht nur deshalb hat Wien viel von seinem Glanz verloren. Seit Anfang 1788 befindet sich Österreich an der Seite Russlands im Krieg gegen die Türken, obwohl es sich den angesichts seiner erschöpften Staatskasse gar nicht leisten kann. Seit nunmehr drei Jahren überziehen die Schatten des Krieges den Alltag in der Metropole. Die Lebensmittelpreise sind gestiegen, die Kriegssteuer belastet die Aristokraten schwer. Viele Familien haben Tote zu beklagen. Und immer mehr Männer wurden über die Jahre eingezogen. Wie viele Leben der Krieg wohl schon gekostet hat? Zu allem Überfluss drohten Leopold 1790, kaum dass er im Frühjahr den Thron bestiegen hatte, Auseinandersetzungen mit Preußen und Polen, Aufstände in Ungarn und vielleicht sogar in Tirol. Er tat, was er konnte, um mit Diplomatie die

Katastrophe abzuwenden und war – zumindest teilweise – erfolgreich.

In Wien weiß keiner, wie es mit der italienischen Oper weitergehen soll. Kein Wunder, dass am Burgtheater die Ellbogen ausgefahren werden und jeder heftig intrigiert. Niemand will in diesen Zeiten den Boden unter den Füßen verlieren. Der neue Kaiser mag sich in die Niederungen der Machtkämpfe, die dort ausgebrochen sind, nicht hineinbegeben. Dafür hat er schlichtweg keine Zeit. Außerdem gehen sie ihm gehörig auf die Nerven.

Noch einmal sehe ich die beiden Künstler vor mir im *Milani*. Da Ponte raucht. Mozart sieht nicht ganz gesund aus, blass, angestrengt, fahrig. Aber das ist er schon lange. Seine letzte Reise nach Frankfurt hat ihn mitgenommen, auch wenn die bereits ein bisschen zurückliegt. Und sie hat deutlich weniger eingebracht, als er erhofft hatte. Mit Geld kann er nicht umgehen, kommt kaum über die Runden, ist wieder einmal hoch verschuldet und schreibt fortlaufend Bettelbriefe.

»Mozart, lohnt es sich noch, in Wien zu bleiben?«, fragt ihn der Dichter gegen Ende ihres Gesprächs. Er wirkt ein wenig desillusioniert.

»Was soll das heißen, Signore?«, gibt der Komponist zurück.

»Man könnte nach London übersiedeln«, antwortet Da Ponte.

»Ich weiß. Bei meiner Rückkehr aus Frankfurt habe ich vor einiger Zeit eine Einladung der italienischen Oper von London vorgefunden. Es ist nicht das erste Mal, dass London Interesse zeigt.«

Da Ponte zieht die Augenbrauen nach oben: »Haydn ist vor kurzem dorthin aufgebrochen.«

Mozart nickt und trippelt mit den Zehenspitzen auf den Steinplatten. Es klackert. »Wem sagen Sie das? Die Engländer sind verrückt nach unseren Künsten.«

Da Ponte lässt nicht locker: »Was ist mit Ihnen, Mozart?«

Der schüttelt den Kopf und schweigt. Wie soll das alles gehen? Er kann Wien nicht einfach den Rücken kehren. Und auch noch ohne seine Frau Constanze? In seinen Memoiren wird Da Ponte später anderes mutmaßen, nämlich dass Mozart mit der *Zauberflöte* zu der Zeit schon schwer beschäftigt war und deshalb zögerte. Mozart weicht aus.

»Gewähren Sie mir ein halbes Jahr Bedenkzeit«, sagt er nach einer Zeit des Schweigens. Er kann, er will sich nicht entscheiden. Sehnsüchtig wird er in ein paar Monaten vernehmen, was sich über Haydns Londoner Erfolge und seine Einkünfte in der Wiener Künstlerszene so alles verbreitet.

Ich stelle mir Mozart nicht sehr gesprächig vor an diesem Tag. Er lässt Da Ponte reden, der ihm davon berichtet, welch üble Verschwörung am Hofe Leopolds und in der Chefetage des Hoftheaters gegen ihn im Gange ist. Noch weiß er nicht, wie er dagegen angehen will. Eine Audienz beim Kaiser ist aussichtslos. Er ahnt bereits, seine besten Wiener Tage hat er hinter sich. Am Ende ihres Treffens stimmt der Poet noch einmal das Hohelied auf seine Ferrarese an, freilich nicht auf ihre Gesangs-, vielmehr auf die Liebeskünste der Sirene. Mozart lacht. Dann steht er auf und geht.

So könnte eine letzte Begegnung der zwei Titanen abgelaufen sein. Zu gern wüsste ich, wie es wirklich war. Vermutlich anders. Sicher ohne diesen Hauch von Abschiedsschmerz und Wehmut, der sich für mich notgedrungen über so eine Szene legen muss. Schließlich weiß ich, dass sie das Ende der gemeinsamen Arbeit von Mozart und Da Ponte bedeutet. Die beiden indes können nicht ahnen, dass sie nach den drei Opern, die sie schufen, nie wieder zusammenfinden werden. Außerdem weiß ich auch, dass es das Ende meiner ersten aufregenden Entdeckungsreise durch die Welt Mozarts ist.

Ende Januar 1791 senkt sich für Da Ponte in Wien der Vorhang. Vor allem aufgrund seines Einsatzes für die Ferrarese hetzen am Hof viele gegen ihn. Bei dem neuen Kaiser fällt er in Ungnade. »Jagt ihn zum Teufel, wenn er immerzu den Frieden stört«, soll Leopold gerufen haben. Das wurde Da Ponte zugetragen. Im März erfährt der Dichter, dass er fristlos entlassen ist. Er hatte einen Brief in Blankversen an den Kaiser verfasst und ihn um Gerechtigkeit gegen seine Widersacher gebeten. Das Schreiben geriet in die falschen Hände, kursierte in Wien und sorgte aufgrund des überheblichen Tons Da Pontes für reichlich Spott und Häme. Leopold war nicht Joseph. Außerdem ist man mit dem Kaiser nie auf Augenhöhe. Zwei seiner Feinde bliesen das Gedicht wenig später anonym zu einem

68-seitigen Schmähpamphlet mit dem Titel *Anti Da Ponte* auf. Bissig, witzig, herabwürdigend. Ganz Wien delektierte sich daran. Er hatte keine Chance mehr.

So jäh, wie er einmal Venedig verlassen musste, so unsanft endete seine Zeit in Wien. Vielleicht nicht nur aufgrund der Ränkespiele in der Hofburg. Da Ponte war ein gesellschaftskritischer Dichter. Schon in Venedig war er mit seiner politischen Gesinnung angeeckt und hatte damals seine offizielle Lehrerlaubnis eingebüßt. Es waren eben nicht nur die Frauen, die ihm dort den Garaus machten. Kaum vorstellbar, dass das weitverzweigte Netz an kaiserlichen Geheimpolizisten ausgerechnet von seiner politischen Einstellung und seiner venezianischen Vergangenheit nichts wusste. Was Mozart darüber dachte? Zweifellos hat er es mitbekommen. Er war derweil beschäftigt, komponierte *Die Zauberflöte* und *Clemenza di Tito* und schließlich noch sein Requiem. Viel Zeit blieb ihm ja nicht mehr.

Während Mozarts Leben ein unerwartet frühes Ende nimmt, geht Da Pontes nach seiner Wiener Zeit noch lange weiter, über Prag und Dresden tatsächlich nach London und nach ein paar Jahren in die »Neue Welt«, Amerika. Er wird dort 89 Jahre alt.

In seinem langen, so abwechslungsreichen Leben sind seine Jahre in Wien nicht viel mehr als ein Intermezzo. Nur ein Jahrzehnt verbrachte er in der österreichischen Kaiserstadt. Ein Zwischenspiel – doch was für eines! Manchmal denke ich darüber nach, wie die Operngeschichte verlaufen wäre, hätten Mozart und Da Ponte mehr Zeit gehabt und weitere Opern gemeinsam geschrieben. Die Zusammenarbeit der beiden Künstler in diesen zehn Wiener Jahren ist für mich zweifelsfrei die wichtigste Episode in der Musikgeschichte des 18. Jahrhunderts, ein wegweisendes unvergleichlich wirkmächtiges »Projekt«, um es mit heutigen Worten auszudrücken. Aber diese treffen die Sache ganz gut. War es nicht wirklich nur ein Projekt, weil die Unwägbarkeiten des Lebens der gemeinsamen Arbeit so früh ein Ende setzten? Wie weit wären sie gekommen? Bis wohin hätten sie Intellekt und geniale Begabung noch getrieben? Welche neuen Entwicklungen hätten die beiden, die ihrer Zeit so weit voraus waren, noch angestoßen? Mir fehlt das Vorstellungsvermögen dazu.

Wir wissen es nicht. Sieben Libretti hat Salieri bekommen, immerhin noch vier Vincente Martín y Soler. Für die Zusammenarbeit mit Mozart blieben nur drei Gelegenheiten, dafür aber drei singuläre Momente der Musikgeschichte, in denen Opern für die Ewigkeit entstanden.

ZITIERTE UND WEITER-FÜHRENDE LITERATUR

Die Übersetzung der in diesem Buch zitierten Sätze aus den italienischen Libretti ist teilweise frei, orientiert sich an den Reclam-Übersetzungen oder an *Opernführer. The virtual opera house. www. Opera-guide.ch.*

Baur, Eva Gesine: *Mozart. Genius und Eros.* München 2014

Csampai, Attila und Holland, Dietmar (Hrsg): *Wolfgang Amadeus Mozart. Die Hochzeit des Figaro.* Reinbek 1982

Da Ponte, Lorenzo: *Geschichte meines Lebens. Mozarts Librettist erinnert sich.* Frankfurt am Main und Leipzig 2005

Hildesheimer, Wolfgang: *Mozart.* Frankfurt 2005

Hodges, Sheila: *Lorenzo Da Ponte. Ein abenteuerliches Leben.* Kassel 2005

Holden, Anthony: *The man who wrote Mozart. The extraordinary life of Lonrenzo Da Ponte.* London 2007

Krasting, Malte: *Mozart. Così fan tutte.* Leipzig 2013

Kunze, Stefan: *Mozarts Opern.* Stuttgart 1984

Mozart, Wolfgang Amadeus: *Briefe und Aufzeichnungen.* Gesamtausgabe. München 2005

Mozart, Wolfgang Amadeus: *Le Nozze di Figaro.* Urtext der Neuen Mozart-Ausgabe. KV 492. Kassel 2007

Mozart, Wolfgang Amadeus: *Don Giovanni.* Urtext der Neuen Mozart-Ausgabe. KV 527. Kassel 2006

Mozart, Wolfgang Amadeus: *Così fan tutte ossia la scuola degli amanti.* Urtext der Neuen Mozart-Ausgabe. KV 588. Kassel 1999

Mozart, Wolfgang Amadeus: *Le nozze die Figaro.* Italienisch/Deutsch. Stuttgart 1990

Mozart, Wolfgang Amadeus: *Don Giovanni.* Italienisch/Deutsch. Stuttgart 1986

Mozart, Wolfgang Amadeus: *Così fan tutte.* Italienisch/Deutsch. Stuttgart 1992

Prokop, Clemens: *Mozart. Don Giovanni.* Kassel 2012

Siepermann, Jeremy: *Mozart. Sein Leben – seine Musik.* Darmstadt 2013

DANK

Reisen bringen immer Begegnungen mit sich – inspirierende, beglückende, entscheidende. So war es auch auf meiner ersten großen Reise in die Welt Mozarts, deren Essenz sich hier in diesem Büchlein findet. Nicht alles konnte oder sollte aufgeschrieben, nicht jeder kann erwähnt werden.

Den entscheidenden Anstoß zu meinem Aufbruch in Mozarts Welt gab Ulrike Hessler, bis 2012 Intendantin der Semperoper. Das Ergebnis des von ihr initiierten Da-Ponte-Zyklus hat sie leider nicht mehr erleben können. Ihr bin ich an erster Stelle zu tiefem Dank verpflichtet.

Dazu kommen die beiden Regisseure Johannes Erath und Andreas Kriegenburg, die mir in unserer gemeinsamen Arbeit weit mehr als nur künstlerische Kollegen waren und auf und hinter der Bühne zu Freunden wurden.

Besonderer Dank gilt den wunderbaren Musikerinnen und Musikern der Dresdner Staatskapelle, die mich auf meiner Reise so hingebungsvoll begleitet haben. Ohne ihre Bereitwilligkeit, sich auf neue Wege einzulassen, hätte ich Mozart nicht so erleben können, wie es auf den vorangegangenen Seiten beschrieben ist.